人物叢書

新装版

副島種臣《そえじまたねおみ》

安岡昭男

日本歴史学会編集

吉川弘文館

外務卿時代の副島種臣（明治5年，『蒼海遺稿』より）

副島種臣の墓（東京・青山墓地）

はしがき

明治時代を通じて、外務卿《がいむきょう》・外務大臣として外交を主宰したのは、沢宣嘉《のぶよし》・岩倉具視《ともみ》、副島種臣・寺島宗則《てらじまむねのり》・井上馨《かおる》・大隈重信《おおくましげのぶ》・青木周蔵《しゅうぞう》・榎本武揚《たけあき》・陸奥宗光《むつむねみつ》・西徳二郎《にしとくじろう》・加藤高明《たかあき》・小村寿太郎《こむらじゅたろう》・林董《ただす》・内田康哉《やすや》《こうさい》、と歴代十指に余る（兼任などを除く）。

しかしこのうち、その外交に名を冠して呼ばれるのは、陸奥外交と小村外交の二者くらいである。陸奥外相は条約改正交渉で法権を回復し、日清戦争の外交を主導した。小村外相による二大外交とは、日英同盟の締結と日露戦争の外交に関して称されたのであった（信夫淳平『明治秘話二大外交の真相』萬里閣書房、一九二八年）。

陸奥は『蹇蹇録《けんけんろく》』を残して明治三十年（一八九七）に五十四歳で、小村は税権確立を達成した明治四十四年（一九一一）に五十七歳で病没している。

この両人に比べると副島は七十八歳まで長生きしているが、外務卿として活躍したのは明治四年（一八七一）から同六年にかけて、四十四歳から四十六歳にかけての壮年期であった。世にいう「国権外交」「自主外交」をもって、明治初期外交の面目をあらためたもので、陸奥・小村の外交とともに、「副島外交」の名で称されて然《しか》るべきであろう。

とくに後年と違い、開国和親布告このかた日の浅い、いわば明治外交の揺籃《ようらん》期であり、諸外国勢の圧力を受けながら、毅然とした態度を持し、西洋人顧問も寄与させて、困難に対処した。とりわけ、(1)マリア・ルス号苦力解放と国際裁判の勝利、(2)清帝先順謁見問題の成功は、副島の二大外交として特筆される。

また膨張主義・主戦論で貫かれた生涯であったが、日露戦争では、戦局の進展とともに両交戦国が再び善隣の誼を復する日の到来を祈っていた（副島種臣「明治の外交」／明治三十七年十二月稿『開国五十年史上巻』四十年十二月刊行）。

本書は「副島外交」に重きを置くが、同時に副島の全体像を描くことにつとめるものである。それはまことに難しい仕事である。

なお、人物像を語るとき、その人物にまつわる逸事で根拠が確実であれば役に立つであろう。副島は奇人とも目されており逸事にも事欠かない。副島の伝記には、朝比奈知泉《あさひなちせん》

『明治功臣録』（大正四年）以降、逸事の紹介が踏襲され、丸山幹治著『副島種臣伯』も逸事に紙数を割いており、それは本書にも及んでいる。

また、副島には漢詩と書が多く残されており、漢詩集には『蒼海遺稿』と『蒼海全集』がある（参考文献の項目を参照）。書では同じ書体・書風でなく、一字一字に気迫のこもった書跡に接することによって、副島の人物と向き合うことができる。墨跡集は出ていたが（副島種経編『副島種臣書』二玄社、一九六七年）、二〇〇四年に『副島種臣全集』（島善高編、慧文社）の刊行が始まった。完結すれば、副島研究に資する所が大きいと思われる。

前記のように本書では副島の全体像を描くことにつとめようとしたが、それは果たせず、思想面の追求は残された課題となった。全集の完結により外交・政治面などに留まらず、思想面についても研究が深められ、副島の全体像を浮かび上らせることが期待されるところである。

二〇一二年一月

安岡昭男

目次

はしがき

第一　維新の佐賀藩志士……一

一　幕末の動乱……一

二　初の外交経験……九

第二　明治新政府の設計……四

一　新政権の発足……四

二　戊辰戦争……三

三　参議就任……亖

第三　副島外交の展開……兲

一　外務卿就任……五六
二　マリア・ルス号事件……六五
第四　清国訪問……八五
一　天津換約……八五
二　北京謁帝……九六
第五　周辺諸国との国交談判……一一八
一　琉球・台湾問題……一一八
二　樺太問題……一二一
三　日韓関係……一四二
第六　帝王の師傅へ……一五〇
一　民撰議院設立建白……一五〇
二　清国漫遊……一五六
三　天皇と侍講……一六三

第七　内務の重責……一七
一　興亜会と東邦協会……一七
二　内務大臣……一九二
三　枢密顧問官……一九八
第八　晩年の蒼海伯……二〇五
一　日露戦時下の死去……二〇五
二　政治・社会論……二〇八
三　逸事……二一五
あとがき……二二三
略系図……二二四
略年譜……二二六
主要参考文献……二三六

口絵

外務卿時代の副島種臣（明治五年）
副島種臣の墓（東京・青山墓地）

挿図

副島種臣生誕地の碑（佐賀市鬼丸町）……二
弘道館記念碑（佐賀市松原）……三
フルベッキ……六
政体書草案（冒頭）……一七
岩倉具視……二五
鍋島直正……三〇
副島種臣（明治元年）……三五
大臣参議及各省卿大輔約定書……五九
明治五年頃の外務省……六三

明治初期における駐日列国公使……七一
副島種臣に送られた大旆……七三
花房義質……七六
李　鴻　章……八八
尚　　泰……一一九
ボアソナード……一三〇
パークス……一三三
西郷隆盛……一四四
民撰議院設立建白書（前文）……一五二
副島種臣の書「薔薇香處」……一六二
元田永孚……一六七
明治天皇……一七〇
副島種臣（明治十七年）……一七九
東邦協会の門札……一八〇
『東邦協会報告』第一号（表紙）……一八三
ベ　ル　ツ……一九六

枢密院会議室……一九九
副島種臣（明治二十七年）……二〇三
副島種臣（明治三十七年）……二〇八
『副島種臣君意見書評論』（表紙）……二〇九
江東寺（長崎県島原市）……二一四

第一　維新の佐賀藩志士

一　幕末の動乱

生い立ち

副島種臣は文政《ぶんせい》十一年九月九日（一八二八年十月十七日）肥前佐賀《ひぜんさが》の城下に、佐賀藩士枝《えだ》吉忠左衛門南濠《よしちゅうざえもんなんごう》（種彰《たねあき》）の次男として生まれた。幼名二郎龍種、のち種臣を名乗り。号は蒼海《そうかい》、一々学人《いちいちがくじん》と称した。

佐賀市の南濠端《みなみほりばた》に生誕地の碑が立っている。「龍種」は帝王の子孫をも意味するので憚ったという

父枝吉南濠

四歳になり父南濠より、四書《ししょ》（大学・中庸《ちゅうよう》・論語・孟子《もうし》）および百家の素読を授けられる。南濠は宝蔵院《ほうぞういん》流の槍《やり》の名人であり、また学者として、佐賀藩の藩校弘道館《こうどうかん》の教諭であり、国学に通じており、「日本一君論」を唱えていた。日本で君といえば天皇であり、君臣とは天子と民との間柄をいうので、徳川将軍と諸藩主、藩士とその家臣は主従の関係に

副島種臣生誕地の碑（佐賀市鬼丸町）

過ぎないとする論である。

兄枝吉神陽

兄の枝吉神陽《しんよう》（平左衛門、杢《もく》之《の》助《すけ》経種《つねたね》）は幼時から神童と言われ、のち弘道館教諭になる学者で、父の勤王論を受け継ぎ、発展させている。

弟の二郎（種臣）は六歳のころ、弘道館の外生寮に入った。初等の生徒であり、内生寮で中等に進む。外生寮では「執《しつ》法《ぼう》」（教諭の助手）になっている。

天保《てんぽう》十三年（一八四二）、十四歳で元服して二郎龍種と名乗る。この年、六歳年上の兄神陽は江戸に出て、最高学府であった幕府の昌平坂学問所《しょうへいざかがくもんじょ》に入学した。しかし間もなく退学して諸国を巡り、「日本一君論」を説いて、嘉永《かえい》元年（一八四八）に四年ぶりで佐賀に帰って、弘道館の教諭になった。この年、二郎は二十歳で内生寮の首班になるが、神陽は兄であり、師でもあった。

義祭同盟

嘉永三年（一八五〇）、枝吉神陽は同志十余人と「義祭《ぎさい》同盟」を結成する。楠木正成《くすのきまさしげ》戦没日を卜して、五月二十四日梅林庵で楠公《なんこう》父子訣別の甲冑像を祭った。これが佐賀における勤王家の初会合とされる。二郎をはじめ、のちに明治新政府で活躍する大木民平《たみへい》（喬《たか》任《とう》）・江藤新平《えとうしんぺい》も最年少で、さらに大隈《おおくま》八太郎（重信《しげのぶ》）・久米丈一郎《くめじょういちろう》（邦武《くにたけ》）らも加わる。安政《あんせい》三年（一八五六）の義祭には竜造寺《りゅうぞうじ》八幡宮《はちまんぐう》側の祠堂に楠公像を安置し楠社《くすのきしゃ》と称した。佐賀藩士による像の彫刻安置は寛文《かんぶん》三年（一六六三）に遡り、水戸光圀《みとみつくに》の湊川《みなとがわ》建碑に三十年近く先立っている。

弘道館記念碑（佐賀市松原）

二郎は嘉永五年（一八五二）、皇学研究のため京都に留学した（二十四歳）。諸国勤王の志士と往来し、国学者矢野玄道《はるみち》、皇学者六人部《むとべ》是香《よしか》、谷森下記《たにもりげき》（善信《よしのぶ》）などと交わる。ペリー来航は京都で知った。安政二年（一八五五）、藩命により再び京都に留学した。安政四年、米総領事ハリスが着任して通商航海条約締結交渉に入り、翌五年の条約勅許《ちょっきょ》問題および一橋《ひとつばし》派と紀伊《きい》派が対立した将軍継嗣《けいし》問題によって、京都は政治工作の舞台となる。

将軍宣下廃止の意見

この時、兄神陽は弟に言いつけて、大原重徳《しげとみ》に意見書を奉《たてまつ》らせた。大原三位《さんみ》は公卿《くぎょう》中の有力な勤王家で、条約の幕府委任反対の八十八卿列参の一人である。意見書は朝廷で将軍継嗣問題を論ずるを無用とし、将軍宣下を廃して、すみやかに政権を収めるよう建言するものであった。座には儒者・尊攘志士でのち暗殺された池内大学もいた。

安政の大獄

大原卿は青蓮院宮朝彦親王《しょうれんいんのみやあさひこしんのう》への面謁を勧め、紹介の労をとってくれた。数日後に宮との対面は実現した。家来の伊丹蔵人《いたみくろうど》（重賢《しげかた》）を通じて、朝廷は殊のほか大事の時であるから佐賀藩の兵を五〇から一〇〇名ほどを京都に入れて置いてもらいたいとの希望が伝えられ承諾した。「私も諸生の軽はづみで承諾をした」と回顧している（「副島伯経歴偶談」。以下、「経歴偶談」と略す）。「直きに出る積りで一応（佐賀に）帰った」が、そのあとで大《たい》老《ろう》井伊《いい》直弼《なおすけ》による安政の大獄が始まり、頼三樹三郎《らいみきさぶろう》（頼山陽《さんよう》の子）や梅田雲浜《うんぴん》らが捕縛された（頼は死罪、梅田は獄死）。

藩主鍋島直正の計らい

兄神陽から弟の意見（次男三男は直接建白できない）を聞いた藩主鍋島直正《なべしまなおまさ》（閑叟《かんそう》）の二郎に対する言葉は次のようであった。

汝は気の毒なことであったが、京都は慷慨義烈《こうがいぎれつ》の士が皆捕縛の最中で、この際、我が兵を上ぼせる訳にはいかない。汝も京都に再び出たならば必ず捕縛になるばかりである故、汝は我が藩を出ることは当分相成らぬ。他藩の士と会うことも、文通することもならぬ。

これは、あながち罰という訳でもない。神陽には幾何《いくばく》の金が下された。「閑叟公が人を御するは随分寛大なもの」であった（「経歴偶談」）。こうして二郎は当分謹慎の身となった。

父と兄の死

安政六年（一八五九）一月、父の枝吉南濠が七十三歳で亡くなった。この年二郎は佐賀藩士副島利忠《としただ》の養子となり、副島二郎種臣を名乗る。結婚した妻は律子という。やがて謹慎を解かれると、弘道館の教諭を命ぜられた。大隈もこのころ学んだという。

安政七年三月三日、井伊大老は桜田門外《さくらだもんがい》で水戸浪士らに襲われ落命した。

文久《ぶんきゅう》元年（一八六一）江戸につかわされ、翌二年帰国したが、八月には兄神陽がコレラに罹り死去した。行年四十一歳。弟種臣にとって大きな痛手であった。

神陽は、鍋島直正から蘭学《らんがく》を学べと言われて、異国の学問など学ばずと断ったが、言うことを聞いたのが佐野栄寿右衛門（常民《つねたみ》）であった。

長崎

フルベッキの来日

九州長崎は幕府の直轄地で長崎奉行を置き、オランダとの官営貿易が行われ、佐賀藩と福岡藩が一年交替で警衛に当っていた。

安政五ヵ国条約により箱館・神奈川とともに一八五九年七月一日（安政六年六月二日）に開港場になった。外国人には居留地内での信仰と礼拝の自由

フルベッキ

を認めた。同年早くもプロテスタント派のキリスト教宣教師が長崎や神奈川に上陸する。依然禁教下で表向き布教はできないので、医療活動や洋学教授などを通じて日本人と接触し、語学研究と聖書翻訳に従事した。米国オランダ改革派教会のフルベッキ（ヴァーベック Verbeck 一八三〇～一八九八）は安政六年に長崎に来航し、幕府の洋学所、ついで済美館で英語を教えていた。

佐賀藩の蘭学寮の在学生、小出千之助・石丸虎五郎安世・中牟田倉之助・大隈・馬渡八郎俊邁らは長崎でフルベッキに就いて英学を学ぶことを希望した。大隈は小出と相談して、佐賀の蘭学寮はそのまま予備校のように置き、長崎に英学の教場を設けることを企て、副島を誘った。

英学修得を志す

尊王論を唱え、兄神陽の亡きあと青年志士の名望を集めた副島は、その論の厳しさのため故老に憚られたが、近年水戸・長州《ちょうしゅう》が尊攘《そんじょう》の激論を唱えて禍敗を取ったので、俗論家に危険視されたのみならず、学館にも容れられず家居していた。そこで大隈は、窮地にある副島に学校の督学の任に当るよう勧めた。副島はついに自ら英学を修める決心をした。

鍋島直正はこれまで学館の有力者に西洋の文明知識を吸収させようとしても好まないので、強いずに自由に任せていたが、副島の決心を聞いて大いに喜び、他の者にも将来は英学の知識を兼ねないと時勢に応じ得ないことを説かせた。大隈は大木民平（喬任）にも勧めたが、思慮深く応じなかった（『鍋島直正公伝』五）。

致遠館

こうして慶応《けいおう》元年（一八六五）四月、佐賀藩は長崎に致遠館《ちえんかん》を開校した。副島・小出・大隈は蘭学寮生徒から三十余人を選び、長崎に遊学させ、五島《ごとう》町の深堀邸に教場寄宿舎を設け、フルベッキを招いて英学を講究した。佐賀から相良弘庵《こうあん》、小城《おぎ》から綾部新五郎、久保田から本野周蔵（盛亨《もりらか》）、武雄《たけお》から山口繁蔵（尚芳《ますか》）らが来り学んだ。

副島は和漢学の綱要を説き教える傍ら、自分もフルベッキに就いて英語の初歩から習い、刻苦勉励夜半に及んだ。副島は一頁書込みで真っ赤になるほど勉強し英語読解力を

勉学に励む

身につける。八月、佐賀は石丸虎五郎の紹介で、フルベッキと米国領事の来遊を迎えた。

一八六八年五月四日付の外国伝道局主事フェリス師宛の手紙で、フルベッキは「一年あまり前に副島と大隈の二人の有望な生徒を教えましたが、これら二人は新約聖書の大部分と米国憲法の全部とをわたしと一緒に勉強しました」と書き送っている（高谷道男編訳『フルベッキ書簡集』新教出版社、一九八七年、一二五ページ）。

フルベッキの談話

フルベッキの談話（『福音新報』）では、副島・大隈両人は「米国連邦独立の檄文」（独立宣言）の講読で、その冒頭に造物者は人を同等に造れりと宣言した段に至り、驚愕一方ならず、かつて夢にも想わぬ議論に接し、この時、両人の後年の事業は胚胎したと言わねばならないとされる（小沢三郎『日本プロテスタント史研究』東海大学出版会、一九六四年）。

なお、長崎では勉学だけでなく「謝安が東山の遊び位はやった」、「方正の君子も是より英雄の挙動を為すも、古の聖人賢人に対して耻づることなき能はず」（「経歴偶談」）と懺悔する。謝安は東晋の政治家で、清談・音楽・宴会を愛する文化人でもあった。

二　初の外交経験

脱藩上京

慶応三年（一八六七）三月、副島と大隈重信は脱藩上京を決行した。その前日、長崎に居た土佐《とさ》藩の後藤象二郎《しょうじろう》の旅館を訪れて京都への微行を告げ、行く趣意を尋ねられ、大体つぎのように答えている。

今の時に当っては最早幕府というものも自力では到底出来ないことである。議事院などを設けられ、諸藩の名士でも集め、改革された方が宜《よろ》しかろう、将軍職も今の儘《まま》にしては済むまい、判然とお断りでもされた方が宜しかろう、と思う故に、徳川慶喜《よしのぶ》将軍が適《たまたま》京都に来て居られるので、伝手をもって物言おうと思って行く。（「経歴偶談」）

原市之進と会う

二人は長崎から大坂に行く土佐藩の船に便乗させてもらい、十八日大坂に着き京都に上った。京都では、元の水戸藩士、今は幕府の目付で将軍慶喜側近の謀臣である原市之《いちの》進《しん》（仲寧《ちゅうねい》、藤田東湖《とうこ》の甥）に会った。副島は原を「当時徳川政府第一等の名士」と称している。初日の原自宅での面会では、市之進は美事な黒羽二重《くろはぶたえ》の着物を着て自ら酌をして酒を勧めたという。

大政奉還を力説

　副島・大隈は二度目に会って「激烈な話」をした。将軍は政権を朝廷に返上すべきであると、大政奉還《たいせいほうかん》を力説したのである。原は一応両人の意見を聞いて帰したあとで、佐賀藩邸に使いを出し、あの暴論両人は何者かと問い質《ただ》し、藩士たちを驚かせた。翌日副島が藩邸に行くと、良いところに来た、原市之進殿からこれこれしかじか、との話で、帰国しないのなら、やむなく捕らえるという。それでは帰りましょうと、五月には佐賀に戻った。

謹慎処分

　この時、大隈らは罪を問われず、副島が年長でもあり、佐賀で謹慎を命ぜられる形となった。なお原市之進は副島らが帰ったあと、慶応三年八月十四日に暗殺された（年三十八）。

　のち謹慎を解かれ、佐賀を出て長崎に着いた副島は三日目に鳥羽《とば》・伏見《ふしみ》の変乱の報知を聞く。

新政府の王政復古告知

　幕府最後の長崎奉行に任命された河津伊豆守祐邦《かわづいずのかみすけくに》が長崎に着任したのは、慶応三年十月十二日で、二日後には将軍慶喜の大政奉還となる。十二月九日王政復古が宣言され、翌四年一月三日に鳥羽・伏見の戦いが始まる。一月十五日に新政府は王政復古を各国使臣に告知するが、一月十三日長崎奉行河津祐邦は、肥前《ひぜん》鍋島・筑前《ちくぜん》黒田両藩に後事を託し、属吏を率いて海路江戸へと脱出した（『復古記』一）。

長崎会議所

長崎の土佐屋敷に居た大監察《だいかんさつ》佐佐木三四郎（高行《たかゆき》）は留守役人の協力を得て、奉行所を接収し、長崎駐在の筑前・肥前・土佐・薩摩《さつま》・大村《おおむら》各藩の聞役らが西役所に集まり、元町年寄を加えて協議の結果、西役所を長崎会議所と称し諸藩士と長崎地役人の合議制とした。

その陣容は、土佐藩が佐佐木三四郎、海援隊《かいえんたい》士吉井源馬《げんま》はか二名、薩摩藩より松方助左衛門（正義《まさよし》）ほか二名、佐賀藩より大隈八太郎（重信）・副島二郎（種臣）ほか一名、芸《げい》州《しゅう》藩が二名、他に長州・宇和島《うわじま》・加賀《かが》・越前《えちぜん》・筑後《ちくご》・唐津《からつ》・柳川《やながわ》・平戸《ひらと》・五島・大村・島原《しまばら》・肥後《ひご》の諸藩　名ずつに、地元の長崎より二名であった。長崎会議所は十八日、各国領事を招き外国人の安全と従来通りの通商を保証した（『新長崎年表』下、長崎文献社）。

各国領事への通達

この時、維新のことを各国領事に報告するのは副島がよいと、「衆の勧めに依って、私が始めて外国人と談判した」という（「経歴偶談」）。副島外交の最初である。明治新政府の官吏が長崎に来るまでは、港の行政も管理するので、各国の関税も滞りなく納めるようにと伝えた。そして各国領事のなかで、仏国領事の発言に関して副島は、本国公使から達せらるるまでは命を奉ぜぬというなら、それまでは商法(通商)をせぬという決心か、商法をするつもりならば必ず命を奉ぜらるべきである、と談判して仏国領事を承服させた(野村亮「慶応四年の長崎鎮定と副島種臣」『社学研論集』一一、二〇〇八年)。

京都(新政府)への報告

「各国領事も王命に服する」ということの京都への報告も、皆の勧めで副島と薩摩の沖直次郎(一平)との両人早追《はやおい》(急用に昼夜の別なく駕籠を飛ばす)で京都に行った。着くと一番に西郷隆盛《さいごうたかもり》と会った。次いで三条実美《さねとみ》・岩倉具視《ともみ》らに報告し、長崎は外国交渉の要衝なので、速やかに政府の官吏を派遣するよう建言した。神戸でやはり未承諾だった仏国公使に会い、一通り長崎の話をして承諾を得た。長崎の連中にも復命せねばと長崎に帰ると、やがて政府の召命がもたらされる。

長崎裁判所

長崎への官吏派遣は、一月二十五日に九州鎮撫総督《ちんぶそうとく》兼外国事務総督に沢宣嘉《のぶよし》(二月二日長崎裁判所総督兼任)、総督府参謀に井上聞多《もんた》(馨《かおる》)が任命され、二月十五日に両人の長崎上陸となって実現した。

長崎裁判所は行政機関として二月一日に設置され、五月四日に至り長崎府と改称されるが、この間、三月には長崎裁判所の名で、「天子様ノ思召」を説く総督の『御諭書』を出す。

キリシタン対策

また三月十六日、長崎裁判所はまず浦上キリシタンの中心人物二六人を召喚して説諭を加えるが、副島はすでに三月十三日に政府による徴士《ちょうし》・参与《さんよ》への任命を受けていた。キリシタン対策を担当した井上参謀は四月に処分書類を携え上坂し（十五日着）、二十五日の行在所での御前会議で、木戸孝允《たかよし》の説いた諸藩への信徒分預の方針が決まる。長崎では四月二十日各国領事がキリスト教弾圧を沢総督に抗議している。

なお、副島は五年後の明治六年二月（外務卿《がいむきょう》の時）、キリスト教禁制の高札撤去を各国公使に伝えることになる。

第二　明治新政府の設計

一　新政権の発足

新政府に奉職

慶応《けいおう》四年（一八六八）三月十三日、副島は新政府の徴士《ちょうし》および参与《さんよ》に任命され、制度事務局の判事となった。同局の督《かみ》（長官）は議定の鷹司《たかつかさ》輔熙《すけひろ》であり、参与福岡孝弟《たかちか》が同局判事を兼ねていた。

徴士

徴士とは、慶応四年一月十七日に太政官《だいじょうかん》の職制を定め、七事務科を置いた時の職名で、諸藩士および都鄙《とひ》有才《ゆうさい》の者で、公議によって選抜された、下の議事所の議事官である。二月三日の改定で、八事務局とされ、議事官は貢士《こうし》の専任となり、徴士は参与職各局判事に任命される（任期は四年）。貢士は諸藩主が選任し、定員はあるが年限はない（大藩三名、中藩二名、小藩一名）。佐賀藩は三五万七〇〇〇石であるから中藩で、二名が選任される。

参与

参与は、慶応三年十二月九日の「王政復古の大号令」により総裁・議定とともに置かれた三職のひとつである。当初は公家が五人、尾張《おわり》・越前《えちぜん》・安芸《あき》・土佐《とさ》・薩摩《さつま》の五藩から三人ずつとされ、岩倉具視《ともみ》（のち議定）、西郷隆盛《さいごうたかもり》・大久保利通《としみち》（薩摩）、田中不二麿《ふじまろ》（尾張）、辻将曹《しょうそう》（芸州）、中根雪江（越前）、後藤象二郎《しょうじろう》（土佐）らが任ぜられ、翌年一月に長《ちょう》州《しゅう》藩（広沢真臣《さねおみ》）も加えられた。

一月十七日、三職七科の制で、参与は議定の下で各事務科の仕事を掌り、二月三日、三職八局の制により、各事務局の輔《すけ》および判事を担任した。副島は前記の通り参与であり、制度事務局判事を命ぜられた。八局とは総裁局と神祇《じんぎ》・内国・外国・軍防・会計・刑法・制度の各事務局である。閏四月四日、大木民平《たみへい》（喬任《たかとう》）が徴士・参与職・外国事務局判事になり（十二月東京府知事に転ず）、鍋島直正《なべしまなおまさ》も内旨を奉じて上洛し、議定になる。副島が直正に「副島」と呼び捨てにされて、「拙者は最早、朝臣でござる」と開きなおったのは、このころのことであろう。

五ヵ条の誓文

慶応四年三月十四日、明治天皇が京都の紫宸殿《ししんでん》で群臣を率い神前盟約の形式で発布し「広ク会議ヲ興《おこ》シ万機公論ニ決スヘシ」などの国是を表明した五事の誓約は三条実美副総裁により奉読され七六七人が署名（後日署名を含む）、同日「億兆安撫」「国威発揚」の宸翰も宣布された。

この「御誓文」の草案は越前藩士で参与の由利《ゆり》公正《きみまさ》《こうせい》（三岡八郎）が諸侯会議の「議事之体大意」として起草し、土佐藩士で参与の福岡藤次（孝弟）は「会盟」として冒頭に「列侯会議を興し」を置くよう修正した。さらに総裁局顧問の木戸準一郎（孝允《たかよし》）が神前誓約を建言し、「列侯会議」を除き、徴士に関する条を削り、「旧来ノ陋習《ろうしゅう》ヲ破リ宇内《うだい》ノ通義ニ従フヘシ」を挿入した。

副島の誓文への関与

久米邦武《くめくにたけ》は明治五年（一八七二）全権大使随行として在米中、木戸が誓文を読み直して記憶をたどり、副島の修正ではないかと洩らしたところから、誓文を熟読して「五条中副島の文調に似たのは、第四条の『旧来の陋習を破り、天地の公道に基くべし』との条」として、後日原稿も見て、多分副島が鍋島直正の意を承けて、この一条を加えたものであろうと推定している（『久米博士九十年回顧録』下巻、早稲田大学出版部、一九三四年、二一四～二一七ページ）。

いずれにせよ副島の参与就任は三月十三日で、誓文発布が十四日であるので、木戸の記憶、久米の推定による副島修正説は無理で、副島自身が関与を否定している（「経歴偶談」）。

政体書と副島

慶応四年閏四月二十一日、政府の組織を示す政体書が公布された。英語で「憲法」をいうコンスティテューションを「政体」と訳したので、明治政府最初の「憲法」ともいえる。

表題を「政体」とし、「天下の権力総《すべ》てこれを太政官に帰す」「太政官の権力を分って立法・行法・司法の三権とす、則ち偏重の患無らしむなり」と、最初に三権分立などを掲げた。政府の機構は太政官七官のうち議政官が立法を、行政官・神祇官・会計官・軍務官・外国官が行政を、刑法官が司法を分掌した。議政官は立法機関として上下二局から成り、上局は皇族・公《く》卿《ぎょう》・諸侯・藩士から任命された議定・参与が、下局は各府藩県から選ばれた貢士が議員となった。

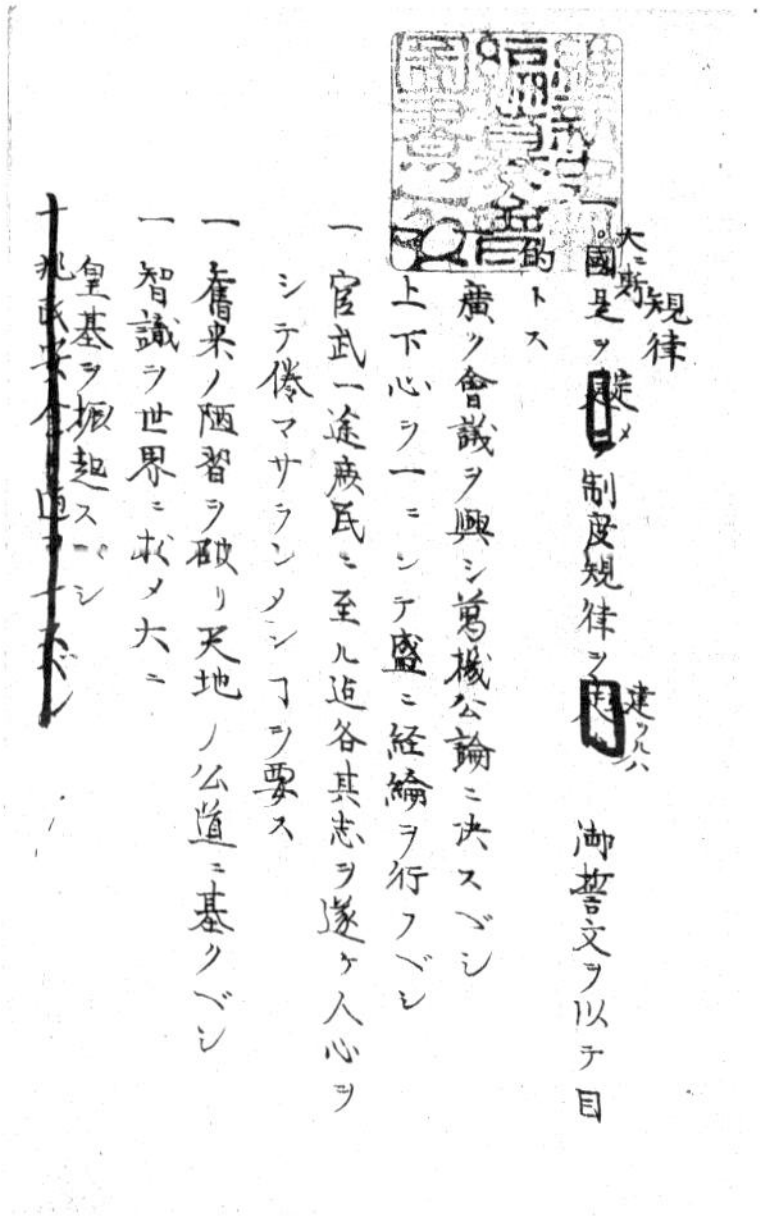
規律
一 大ニ斯國是ヲ定メ制度規律ヲ建ルハ 御誓文ヲ以テ目的トス
一 廣ク會議ヲ興シ萬機公論ニ決スベシ
一 上下心ヲ一ニシテ盛ニ經綸ヲ行フベシ
一 官武一途庶民ニ至ル迄各其志ヲ遂ケ人心ヲシテ倦マサランヲ要ス
一 舊來ノ陋習ヲ破リ天地ノ公道ニ基クベシ
一 智識ヲ世界ニ求メ大ニ皇基ヲ振起スベシ

政体書草案（冒頭，東京大学史料編纂所所蔵）

副島によれば、三条・岩倉

に「政体を作るが宜《よろし》からう」と申し立て、「然《しか》らばその方作るべし」と命ぜられた。よって福岡藤次（孝弟）と私と両人に命ぜられるようにと願い、採納されたという。そこで福岡に大意を相談したところ、両人で筆を執るわけにいかないので、副島が意見を述べて福岡が起稿したということである（「経歴偶談」）。

福岡孝弟の回顧談

福岡回顧の談話によれば次のようである（原文は片仮名）。

慶応四年二月、三職八局の制（前記）となったが「実効挙らず徒《いたず》らに眼前の庶政に逐《お》はれ、公議の意を失し」た有様だったので、この際「是非共公議に執る体制を立て御誓文の御趣旨に副《そ》はねばならぬと存じ」、意見書を呈し、五事の誓文が空文にならぬよう、西洋各国の制を参考にして公議体制を立てるための評議を要望した。そこで朝廷では再び官制改革の議を決し、「草案起草の任を副島種臣と私の二人に命ぜられた」（福岡孝弟「五箇条御誓文ト政体書ノ由来ニ就イテ」『明治憲政経済史論』国家学会、大正八年）。

また、次のようにも証言している。

此時は副島と二人でやった。副島が制度寮の判事で同僚となった。此時も前にいふた様な事を副島に云はれた事があります、私の方が先輩で先きにやっていたが、副島がいふには己を空《むなし》うして聴く人は少いがあなたは大に感心ぢゃと云はれた、議会の事などは私は副島に当行《あてが》った、副島が迚《とて》も行はれまいと思ふたが実にあなたは公平なとか何とか言ふたことを覚えております……もともと副島がその学問上は長崎でシーボルトなどから来て居るので、太政官を七局とする云々の箇条は副島がこしらへた、全く副島の断案でここの所は出来て居る、太政官を議政と行政とに分ってちゃんと見合て行くといふものとしたのだ（「子爵福岡孝弟談話筆記」。稲田正次『明治憲法成立史』上巻、有斐閣、一九六〇年、二二四ページ）。

副島・福岡による起草

以上のように政体書は副島・福岡両人により起草された（四月十九日、二人とも「御用当分顧問席へ出仕」した）。

福岡の談話中、副島の学問を長崎でシーボルトから得たように述べているのは誤りで、前記の通りフルベッキに学んだのである。

政体書起草の参考書

政体書の起草に参考とされた書物は、『令義解《りょうのぎげ》』などに加え、『西洋事情』（福沢諭吉）のほか、主に『聯邦志略《れんぽうしりゃく》』と『万国公法《ばんこくこうほう》』という漢訳洋書（西洋人の著書の漢文訳）であった。

『聯邦志略』

『聯邦志略』（原書名『人美聯邦志略』）は、在華米人宣教師ブリジマン（Bridgman 漢名裨治文 一八〇一〜一八六一）の著書で、上下二巻から成る（一八六一年、上海刊）。地図挿絵を含む米国の地誌歴史書で、日本にもたらされ、箕作阮甫《みつくりげんぽ》による訓点本が元治《げんじ》元年（一八六四）江戸で出版され、明治初年まで刊行されて、米国に関する知識の普及に資した。

『万国公法』

『万国公法』は米人ホィートン（Weaton 恵頓 一七八五～一八四八）の著書 Elements of Internationl Law である（「国際法原理」一八五五年、ロンドン刊）。これを在華米人宣教師マーチン（Martin 丁韙良）が漢訳し『万国公法』を書名とし北京で出版した。この漢訳書は日本に流入すると識者に迎えられ、北京からの送本は横浜での需要を満たせないほどであった。江戸幕府の洋学研究教育機関である開成所《かいせいじょ》で、元治元年この『万国公法』を翻刻出版している。

梁啓超と副島

清末中国で立憲君主制を主張した啓蒙思想家の梁啓超（一八七三～一九二九）は、日本亡命中に副島と会い尋ねた。「維新の大業は近世の大成功で敬服の至りであるが、一体先生たちは、どのような西洋の書物を読んで外交の知識を得たのか」と尋ねると、副島は笑って答えた。「それは貴国の漢訳『万国公法』によって得た」と。そして、「外交知識は貧弱であったが、列国使臣の間に伍して侮りを受けなかった。志気が欠けていては、万巻の洋書を読破しても国家の役には立たない」と言われ、梁は一言もなかった。のちに梁は、後述の東邦協会（明治二十四年設立。副島は会頭を務めた）の会員になっている（福本誠「清廷の大

謬見」『中央公論』明治三十九年十一月号)。

政体

「政体」の語は、『聯邦志略』では明らかにアメリカのConstitution(一七八七年制定の合衆国憲法)を指して言っている。立法、行法、司法の三権の語は、『聯邦志略』の立法権柄、行法権柄、審判総権、『万国公法』の制法之権、行法之権、司法之権の訳語の中から採ったものと思われる(稲田前掲書上巻、一一七ページ)。

「諸官四年ヲ以テ交代ス　公選入札之法ヲ用ユベシ」としたのは任期四年の米国大統領選挙が参考にされたものと考えられる。

官吏公選

前年の政体書には、前記のように官吏公選を規定した。これにより参与大久保利通《としみち》は公選の採用を進言し、明治二年(一八六九)五月十二日、朝議で決定し、五月十二日、三等官以上の官吏に輔相・議定・参与を、翌十四日、六官正副知事と内廷職知事を投票選挙させた。その結果、輔相には三条実美《さねとみ》(四八票)、議定に岩倉具視(四八票)、徳大寺実則《とくだいじさねつね》(不明)、鍋島直正(一八票)、参与に大久保利通(四九票)、木戸孝允(四二票)、副島種臣(三一票)、東久世通禧《ひがしくぜみちとみ》(一八票)、後藤象二郎(一三票)、板垣退助(一一票)が任命された。

こうして輔相は二名から一名に、議定は一八名から三名に減員となる。このような冗官淘汰とともに、議政官を廃し、議定・参与を行政官に移し、成規法則の立法に関することも処理させることになった。

この官吏公選は、三等官以上による高官の選挙に限られたものであったが異論も多く、公議論を唱えた山内豊信《やまうちとよしげ》は勅任官《ちょくにんかん》を公選とはもっての外とし、軍務官副知事大村益次《ますじ》郎《ろう》（永敏）も共和政治に類するものとして反対し、投票しなかった。結局一度だけの実施にとどまったが、副島は「私は最も賛成をした」と言っている（「経歴偶談」）。

一度だけの実施

二 戊辰戦争

江戸開城、上野戦争まで

慶応四年（一八六八）一月三日、鳥羽《とば》・伏見《ふしみ》の旧幕府軍と薩摩《さつま》・長州《ちょうしゅう》軍との戦端から戊《ぼ》辰《しん》戦争が始まり、翌四日征討大将軍に嘉彰《よしあき》親王、同日以降順次に、山陰・東海・東山・北陸各道と中国・四国・九州の鎮撫総督《ちんぶそうとく》任命を見た。二月九日東征大総督《とうせいだいそうとく》に熾仁《たるひと》親王、奥羽《おうう》鎮撫総督に沢為量《ためかず》が任命された。徳川慶喜《よしのぶ》は二月十二日江戸城を出て寛永寺に入り、謹慎恭順した。東征軍は江戸に迫り、四月十一日、江戸開城となり慶喜は水戸に退去する。彰義隊《しょうぎたい》の抵抗も五月十五日に上野で撃破され、戊辰戦争は東北・北越戦争の段階に入る。

佐賀藩の動向

前年（慶応三年）十二月二十一日、佐賀藩は家老鍋島孫六郎に率兵上京させた。藩主直大は慶応四年正月七日に京へ向かう予定のところ、鳥羽・伏見の戦報に上京を延ばし二月二十二日に着京したのである。

鳥羽・伏見の戦いに参加せず、遅れて入京した直大・直止を直ちに議定に任命し、副島・大隈・大木を参与としたのは、新政府が戊辰戦争遂行に、佐賀藩が有する近代装備化された軍事力に期待したからに他ならないとされる。

新政権内の地位向上

鳥羽・伏見の戦い直後の一月七日、維新政府は在京の藩主を召集して徳川慶喜征討令を発布し、諸大名にその去就を決せしめたが、このとき佐賀藩は藩主・重臣とも在京していなかった。このため京都政局への登場が遅れ、佐賀藩は日和見《ひよりみ》的との評も受けるが、やがて藩主父子が入京し動向が明確になった。五月の上野戦争、九月の会津攻撃で佐賀藩のアームストロング砲は威力を示す。こうした軍事的貢献により新政権内での地位も高まる。

岩倉は三条実美（右大臣兼輔相兼関八州鎮将）宛の書簡（慶応四年六月八日）に「肥前には大憤発大兵を出し全く挙国御奉公之事に候、皆以副島・大木・江藤等之大尽力に起る事かと感伏之事に候」と関東における佐賀藩の貢献を力説している（『岩倉具視関係文書』四）。

薩・長・土・肥

明治二年一月、版籍奉還の上表でも薩摩・長州・土佐の各藩に佐賀藩が加えられ四藩主の連名となった。こうしていわゆる薩・長・土・肥と並び称されるようになる（藤野保『佐賀藩』二〇〇九年、木原溥幸『佐賀藩と明治維新』二〇〇九年）。

なお、先に述べた五ヵ条の誓文発布（慶応四年三月十四日。江戸城総攻撃予定の前日）、政体書公布（同年閏四月二十七日）は、ともに京都で、戊辰戦争の最中に行われた。

奥羽（東北）戦争

すでに慶応四年一月十七日、仙台藩主伊達慶邦《よしくに》に会津藩追討の朝命がくだり、ついで久保田（秋田）・盛岡・米沢の各藩にも仙台藩への協力を命じた。二月二十六日に九条道孝が沢に代わって総督になった（副総督に沢、参謀は薩長藩士）。庄内藩は会津藩と同盟を結び、仙台・米沢両藩は会津攻撃中止を嘆願したが九条総督に却下された。五月には白石で二五藩が同盟を結んだ（仙台藩が盟主）。これに北越六藩が加わり、奥羽越列藩同盟となり、薩長軍を主力とする新政府軍に対抗した。このような奥羽・北越の情勢に加え、関東不穏の形勢も東征大総督から報ぜられていた。

東北親征の朝議

慶応四年五月九日、関東監察使三条実美から精兵二〇〇〇人増援を請う書が輔相岩倉具視に届いた。同日、小御所における朝議で輔相・議定・参与らに東北親征の内意が示されたが、議定の松平慶永《よしなが》・鍋島直正らの上言により、親征はしばらく見合わせ、関東鎮撫のため岡山・徳島など諸藩に出兵を命じ、形勢によっては諸藩主を京都に召集し議すると決した。

岩倉具視の見立て

慶応四年六月十九日、秋田・弘前二藩孤立の急報に接して、佐竹義堯《よしたか》・津軽承昭《つぐあきら》の両藩主には新政府軍の到着を待つよう指示した。

岩倉が参与の副島に対して言った。奥羽越の諸藩は維新の政府を薩長二藩の「挟制」に出るものとなし、この二藩を「攘除」するのが朝廷に報ずる所以なりと思慮する。会津が倚頼するのは庄内であり、精兵をもって庄内を衝き秋田と連絡を取れば、仙台・米沢は落胆して降を乞うは必然である。孤立無援の会津を破り、勝報の至るを俟って、「車駕東巡の盛典を挙行せば、王化を東北に布き、海内を綏撫《すいぶ》するの基礎始めて建つことを得ん」(『岩倉公実記』中)と。副島は「之を然りと」した。

岩倉具視(岩倉公旧蹟保存会所蔵)

岩倉北征事件

そこで、岩倉は自らが佐賀藩兵を督

し庄内を衝く策を副島に謀り、これを鍋島直正（前佐賀藩主）に説かせた。鍋島は「之を善とし」、藩兵二〇〇〇人を岩倉の麾下に属させることにした。二十三日に岩倉はこれを議定中山忠能《ただやす》ら四人に諮り、賛同を得た。よって岩倉は自身大軍を率いての北越出征を奏請した。輔相の出征には難色が示されたが、岩倉再三の懇請により、ついに聴許され、東北遊撃総督として錦旗を授けられた。

ここにおいて岩倉は副島を肥前に遣わし、佐賀藩の兵を徴し、赤間関（下関）に次《やど》り、軍令を頒ち、軍艦七隻をもって出発させ、かつ大村純熙《すみひろ》（大村藩主）を説き、その藩兵を出し助力させることとした。

こうして六月二十五日、副島は賜暇帰国の形で佐賀での募兵の途に上る。同行者は藤川三渓《さんけい》で、ともに京都を発した（副島は岩倉から大村純熙への書簡を託された）。

藤川三渓（忠猷）は讃岐《さぬき》高松藩士。長崎で高島秋帆《しゅうはん》に学び、安政《あんせい》五年（一八五八）に蝦夷地《えぞち》を視察し、その後上洛して勤王志士と交わった。慶応四年（一八六八）四月に奥羽遠征軍参軍として京都を進発し、新庄で沢副総督と会い、五月には秋田着、秋田藩の帰順を説得した。また、沢副総督の命で松前に急行し、汽船借入に藩主松前志摩守徳広の承諾を得、六月箱館を経て横浜に帰着、鎮将府に伺候し三条実美に奥羽援兵を請うた。参謀大村益次郎には、京都に赴き岩倉に奥羽援軍を訴えるよう促された。藤川は即日出立して京都に上り、太政官に奥羽の急を告げ赴援を要請した。

派兵の準備

そこで岩倉具視は副島と協議し、山陽・西海からの派兵が決まる。副島は藤川を呼び、自分は九州での募兵を命ぜられている。貴公は讃岐の兵を出すのに努めてほしい。そして二人が落ち合う地は肥前と決めておこう、と告げた。六月十七日、岩倉は藤川を召し、奥羽征討軍監に任命、ともに参内拝謁した。こうして副島・藤川の両人は京都を出発、下坂する。六月十九日、副島と別れた藤川は、高松に行き、藩主松平頼聡《よりとし》に説いて出兵を謀議した。そこへ軍務官権判事西村亮吉から、朝議により高松藩の出兵を免じたので、速かに肥前に赴き援軍を募るようにとの書面がもたらされた。藤川は直ちに肥前に赴き、副島の募兵を助ける。こうして八月十日に藤川は肥前小城の兵七百余人を軍艦甲子号に乗せ出帆、十九日秋田船川港に着く（藤川は明治水産界の先駆者。〈『藤川三渓伝』水産社〉）。

一方、長崎に着いた副島は、七月九日に沢宣嘉《のぶよし》長崎府知事に対し、出兵費用は朝廷で負担するということで、人員の調達を要求した。

長崎振遠隊　凡二百五十人、大村　凡二百人、嶋原　凡四百人、松浦《まつら》　同断、筑前　一千人、佐賀　一千人

（沢宣嘉の日記。『佐賀県史』下巻）

岩倉は副島らを送り出すと、議定・参与に書を贈り、東北出征を告げた。文中に、肥前藩を「有名の強藩、士気勇壮にして、名義を崇尚す」と称し、今同藩に大挙力を王事に尽くさせねば、賊徒が唱える薩長の私意を逞しくするとの名目も得られぬ、とした。中山忠能・正親町三条《おおぎまちさんじょう》実愛《さねなる》・徳大寺実則《さねつね》・中御門《なかのみかど》経之《つねゆき》の諸卿にも書を贈り、後事を託した。

岩倉の北征中止

これより先、江戸に出向いていた参与の木戸孝允・大木喬任《たかとう》は七月八日京都に帰還し、岩倉がまさに出征目前と聞いて大いに驚いた。両人は岩倉を諫めて、国家の柱石として、軽々しく出て将となるは、根本を揺るがすものとし、その不可を論じた。広沢真臣や後藤象二郎も反対した。たまたま三条実美らが、車駕東巡が遅れないようにと内奏したので、天皇は岩倉を諭してその東北出征を停め、二十三日、若い公家の久我《こが》通久《みちつね》を東北遊撃軍将となし、岩倉に代って出羽に赴かせたのである。副島は自らの北越出征を取り止めにしたという岩倉の書簡を七月十三日に受け取った。

副島の北行

副島は前記のように六月二十五日に佐賀への賜暇帰国を許されるが、「用向相済次第早々登京」するよう仰せ付けられ、七月二十三日には当官のまま北行を命ぜられ、「東北遊撃軍将久我大納言を輔翼」すべき沙汰を受けた。

久我通久（一八四二〜一九二五。公卿、清華家）は、慶応四年一月参与、大和国鎮撫総督、七月東北遊撃軍将となり、海路越後《えちご》に渡り、奥羽鎮撫総督を助け、鶴岡まで転戦し十一月東京に凱旋、明治二年（一八六九）二月箱館軍に備える鎮撫総督として出張する。

東北平定

副島は慶応四年八月十九日、東北から帰京して戦争の状況を奏上した。この日、旧幕府海軍副総裁榎本武揚《たけあき》は艦船八隻を率い、品川を脱出し北航した。

九月二十三日には会津藩が開城降伏し、東北の平定を見た。二十八日、副島は、羽州派遣の目途が立った上は、御用筋もあり、早々帰京すべき旨を受けた。

明治改元

なお七月十七日、江戸を東京とする詔書《しょうしょ》が出され、九月八日には年号の慶応を明治と改元し、一世一元の制がとられた。九月二十日、天皇は東幸のため京都を出発、十月十三日に東京に着いた。江戸城を東京城と改称、十二月には京都へ還幸した（明治二年三月東京再幸、事実上の遷都となる）。

明治元年（一八六八）十月二十四日、副島は「至急之御用有之、早々東京へ可罷下《まかりくだるべき》旨」を仰せ付けられた。そして、十二月四日には「東京在勤」となる。

いわゆる「岩倉北征事件」によって佐賀藩が維新政府内で重要な地位を占めるに至ったのであり、薩長土に肥が加えられる（木原溥幸「幕末・維新における西南雄藩の動向―佐賀藩の場

論功行賞（賞典禄）と佐賀藩

鍋島直正（鍋島報效会所蔵）

合―」『九州史学』一一九号）。

明治二年六月二日、藩主鍋島直大《なべしまなおひろ》には二万石の賞典が永世下賜された。佐賀藩知事鍋島直大は、賞典禄をもって北海道開拓の資に充てることを請うたが聴されず、再願の末、今年に限り半ばを納めた（『明治天皇紀』二、『鍋島直正公伝』年表）。

佐賀藩の藩政改革

明治三年九月十日、政府は「藩制」を布告し、監督する藩政改革の基準を示した。前年からすでに改革を実施していた藩もあった。高知藩などは二年三月に改革を布告し、四国一三藩の代表による四国会議を提唱し、十月に開催していた。

佐賀藩も政府が明治元年十月に制定した「藩治職制」を基準とし、二年一月から改革が始動された。改革草案は久米邦武《くめくにたけ》に起草させ、鍋島直正《なおまさ》は副島と江藤を従えて、二年二月二十三日に京都を出発し、伊万里を経て三月一日に佐賀に帰ったものの、二十八日には上京のため副島を伴い佐賀を発した。二年三月には「藩治規約」が成り、職制改革が実施される。

佐賀で副島は参政、江藤は参政格に任命され、鍋島直正の主導下に、政府高官となった両人を中心として、出身藩佐賀藩の改革が進められた〈木原溥幸『佐賀藩と明治維新』〈前掲〉〉。

東北諸藩処分

明治元年十二月七日、副島は東京における東北諸藩処分の宣告に列席した。この日、東京城大広間上段中央に議定蜂須賀茂韶《はちすかもちあき》、左右に刑法官副知事池田章政、参与の木戸孝允・三岡三郎（由利公正）・副島・大木喬任らが着座し、中段に史官巌谷迂也《いわや》（修）・軍務官判事香川敬三ほかが列座、謀反諸藩主の親戚または重臣らを召喚した。その冒頭において次のような詔書を巌谷が伝宣した。

賞罰は天下の大典、朕一人之私すべきに非ず、宜く天下之衆議を集め、至正公平、毫釐《ごうり》も誤り無きに決すべし。

（『明治天皇紀』一、九一七ページ。原文は片仮名。句読点・濁点をつけた）

最も厳しい処分を受けたのは、最後まで抵抗した会津《あいづ》藩で、藩主松平容保《かたもり》と子の喜徳は死一等を減じ永預、封土没収となる。これに比べ米沢《よねざわ》藩は一八万石を一四万石に四万石の削封と処分は軽い。同藩が諸藩に先立ち降伏謝罪し、転じて政府軍の先鋒となり、庄内《しょうない》藩征討に加わったことによろう（佐々木克『戊辰戦争』中公新書、一九七七年）。

諸藩主処分についての朝議では、寛厳二説あり、寛典論の方が多く、副島もその一人であったようだが、木戸準一郎（孝允）だけは、これに反して厳科に処すべき旨を力説し、天皇の下問にも奉答していた。刑典は天下の大法であり、毫も枉《ま》ぐべからずとしたが、詔書では、容保の死一等を宥めて、非常の寛典と称したのである（『明治天皇紀』二）。

副島が後年東北諸藩処分に触れたものに、吉井友実《ともざね》に宛てた書簡（年月不詳）がある。

薩の論は常に寛大を主とし―大久保公是なり―「長は会津を始め、長岡・庄内・二本松等まで皆悉く封土を収め其重なる者、君主を始め之を死に処せんとす、議協《かな》はず大久保公は辞して帰るに決せり、是に於て岩倉公大事の忽《たちまち》に破れんことを恐れ、種臣が京都にあるを東都に召し、此の時御自分重病ながら、種臣を具して三条公の邸に赴かれ、翌日、種臣、広沢、大久保、木戸四人をして、寛猛の中程を以て遂に処分の決議と致されき。（『大久保利通文書』三）

佐佐木高行の日記（明治三年）に次のように記す。

是年、箱館平定後、榎本釜次郎等ヲ御処置ノ義ニ付、薩長大ニ議論相違ナリ……副島ハ学者故、和漢例ヲ引キ、官兵ニ降伏スルヲ殺スハ美事ニアラズト云フ、是ハ薩論ヲ助ケルトテ、長ヨリハ別ケテ悪ム事也。（『保古飛呂比』四、五一二～五一三ページ）

処分決定に至る経緯の一端をうかがえよう。

三　参議就任

版籍奉還と副島起草の「藩制大意」

副島が起草した「藩制大意」は「版籍奉還後の藩制をどうするかについての立案で、最も整い、副島の制度家としての腕前をよく発揮」したものと評価されている（『大久保利謙歴史著作集』二）。

華族

先の政体書で地方行政は府・藩・県の三治制をとり、皇室領・旧幕府領の大半が府・県となり、政府が知事を任命し、藩は旧来の藩主が治めていた。明治元年（一八六八。九月改元）十月二十八日、政府は「藩治職制」を定め、各藩に執政・参政・公議人・家知事を置くなど、藩政への統制を強める。公議人は翌二年三月開設された公議所の議員になった。家知事は藩主の家政を藩政と区別するために置いた。

政府部内で木戸孝允は早く慶応四年二月ころから、諸侯に土地人民を還納させることを主張していた。明治二年一月になると、薩長土肥四藩主による版籍（土地・人民）奉還の上表が提出された。同年六月、朝廷は諸藩の上表を聴許し、藩主らは政府から知藩事に任命された。また公卿《くぎょう》・諸侯の称を廃し、華族《かぞく》と総称することにした。このとき「華族」ではなく、「貴族」とする考えもあった（広沢真臣の意見書、公議所議案、行政官達〈明治二年六月〉草案に大久保・副島の付箋）。

副島の国家観

「藩制大意」は、従前の藩主を知藩事とし、藩人は以後、家中・家来などの称を廃し、某藩士・卒などと称し、四ツ物成（領主の取り分が四割）にして高二五〇〇石以上は下大夫、以下は上中下士卒の四役に定める。政府の用度と知藩事の食禄は判然と区別を立てることなどを指示したあと、次のように総括する。

> 抑《そもそも》藩ハ地方官三治ノ一ニシテ、所謂遠（ママ）ノ朝廷ニテ候間、藩々ノ見解ヲ去リ、皇国一致一団ノ体裁相立候儀簡要タルベシ、右ニ就テハ尚又政治ノ目的一ニ帰シ、国体恢弘《かいこう》、国力充実、国民安堵、風化相行レ、公儀相立チ文明相進ミ皇国ヲ五世界中第一ノ国トナスト云フ所ニ着眼可有之儀勿論ニ候、小権ヲ以テ大権ヲ犯シ、私議ヲ以テ公事ヲ妨《さまた》ゲ候テハ、決シテ不相済候事
> （『大久保利謙歴史著作集』一）

ここに副島の国家建設の方向が要約されている。

副島の建国策

岩倉は明治三年八月に「建国ノ体ヲ昭明ニシテ以テ施政ノ基礎ヲ確定スル」ため長文の意見書（『岩倉公実記』中）を作成したが、参議ら（副島・木戸・大久保）は提出していた見

解をふまえたと見られる。

十五ヵ条で諸事項にわたるが、地方制度については、府藩県制を改革する。すなわち藩を改め、州・郡とする(州は一〇万石以上、郡は一万石以上)。郡県制による集権体制の確立を目指す所論であったといえる(松尾正人『維新政権』)。

副島起草の建国策は岩倉具視関係文書(国立国会図書館憲政資料室)の「岩倉家蔵書類明治三年建国策の事」一冊に、広沢・木戸・江藤らの意見とともに一括されている。前掲の島善高著書には、このうち副島の意見書が活字化された。

副島種臣(明治元年,『蒼海遺稿』より)

本文中の「延喜天暦《えんぎてんりやく》」云々は副島によるのであろう。「大信之事」などは大久保と相談の上で書かれたと見る。副島は大久保と隣宅であり、「一番懇意にあった」という。意見書のごく一部を以下に抄録しておく。

一、建国之体ヲ論シテ而至衆力ヲ合ス、名正ク言淳、天下何人カ能《よ》ク之ヲ禦カン
一、朝廷之大基本ハ信ノ一字ニ止ル
一、信トハ天下万民ノ頼ンテ以テ依ル所ノ者アルヲ云フ
一、大信之事
一、人材登用之位置其所ヲ失得フ時ハ天下疑之、大信ニ非ス
　法令数変ス、天下疑之、大信に非ズ（以上）

副島の九等爵位案

明治二年二月十六日付で福岡孝弟から副島種臣に提出された個条書の意見書の一項に「爵ヲ以テ人則ヲ立ツベシ」として、王・公卿・大夫・士の四つの爵名を挙げ、王爵には親王・諸王を叙し、公卿爵は上下二階に分かち、大夫爵と士爵はそれぞれ上中下の三階に分かつという案であった。「これにヒントをえてか」（深谷博治『新訂華士族秩禄処分の研究』吉川弘文館、一九七三年）、副島は当時、「今般九等ノ爵位被相定、天下ノ身格一般夫々配入被仰付候間、其藩々ニ於テ是迄ノ身格取調差出可申旨被仰出候テハ如何」と草している。「身格」という言葉は「藩制大意」にも使われているが、副島独特の用語のようである。岩倉家蔵書類には、この九等の爵位の布告案もある。またこの前後にこれと系統を同じくする広沢真臣や岩倉具視の意見書もあったが、採用には至っていない。いず

れにせよ、明治十七年華族令による公侯伯子男の五等の爵位とは性質が異なる（深谷博治同書）。

職員令の制定

明治二年六月十七日から二十五日にかけて版籍奉還が行われた後の七月八日、「職員《しきいん》令《りょう》」を制定し、官制改革が実施された。副島は職員令制定について語る。

明治元年に於て堂上華族やら国学者やらが、西洋の翻訳本のやうなものでは承服をせぬと云ふ。そこで両人の輔相が私に命ぜられたに、太政府官と云ふものを立てて旧来の官名を以て官等やら何やら宜しく設定すべしと斯う云ふことになった。此秘密起案に与った人が誰であったか、今私は確と記憶をせぬが、私一人で作ったのではない。一両人係り合ふた人がある。さうして定まった時が左右大臣、此左右大臣丈けで太政大臣を置かなかった。是はどう云ふ意味であるかと云ふと、太政大臣を置くと権殆ど主上に迫るに依って、そこで御為めになるまいと云ふので、左大臣を上席としたやうな訳であった。（「経歴偶談」）

官制改革と人事

二官とは、神祇官と太政官であり、六省とは民部・大蔵・兵部・刑部・宮内・外務の各省である。神祇官は太政官の上位に置かれた。長官は伯で中山忠能が、次官の大副には白川資訓《すけのり》が任命された。太政官では、左右大臣が天皇を補弼するが、右大臣に三条実美（左大臣は欠）、大納言に岩倉具視と徳大寺実則が、参議に当初副島（肥前）と前原一誠（長州）の両人が任命された。民部卿に松平慶永、民部大輔に広沢真臣、大蔵大輔（卿は欠）に大隈重信、兵部卿に嘉彰親王、兵部大輔に大村益次郎、刑部卿に佐佐木高行、宮内卿に万里小路博房、外務卿に沢宣嘉が、外務大輔に寺島宗則が任ぜられている。

大久保利通と木戸孝允の処遇

しかるに、大久保と木戸は待詔院学士の閑職に補された。ここに流言百出し、諸官の軋轢、内部不統一という事態を招くに至る。岩倉大納言はこれを憂え、「両氏閑職に被任候以来世論紛々、諸官解体之姿を現し実以恐入候……今日は両氏枢要の地に立ち奮発勉励無之ては無事に難至段は勿論に候」と大久保・木戸の参議職再勤に英断を望む書を三条右大臣に送った（『岩倉具視関係文書』四、明治二年七月十八日）。そこで三条は大久保・木戸両人を訪れ就任を勧め、大久保は承諾し二十二日に参議に任じたが、木戸は肯諾せず、結局広沢真臣が代って参議になった。七月八日、副島と同時に参議に任じ従四位に叙せられた前原一誠は直ちに拝命せず、十九日に三条右大臣の来訪勧説を受け拝命に決したので、それまでは事実上、副島一人参議であったが、二十三日に至り、副島・前原・大久保・広沢と四人そろった（木戸の参議任命はのち三年六月十日）。

新しい官制

前記のように神祇官《じんぎかん》を太政官《だいじょうかん》の上位に置き、太政官では左大臣・右大臣・大納言・

参議が内閣を構成し、太政官のもとに民部・大蔵・兵部《ひょうぶ》・刑部《ぎょうぶ》・宮内・外務の六省を置いた。非違を糾弾する弾正台《だんじょうだい》、教育行政を掌る大学校、蝦夷地《えぞち》を管する開拓使、また議案を諮問する集議院なども置いた。

この新官制は古代の大宝令《たいほうりょう》に倣《なら》う官名を復活し、各省の長官を卿と称し、以下に大輔・少《しょう》輔・大丞・少丞・大録・少録などを置き、位階を定めた。

三権分立を標榜した先の政体書に比べ、行政権が強まり、公議尊重が薄れ、中央集権化の方向を辿る。集議院の前身の公議所は「律法を定むる」立法機関であったのが諮問機関になった。左右大臣を置き太政大臣を置かないが、大宝令でも太政大臣は常置の官ではなかった。

この新官制の立案は、副島が輔相の三条実美・岩倉具視から命ぜられたものであった。職員令で参議（三人）は左大臣（一人）、右大臣（一人）、大納言（三人）に次ぐ官で職掌は大納言と同じく、「掌参預大政、献替可否、敷奏宣旨」であった。

最初の参議

副島が新政府で要職の参議に任命されたのは、その人物見識と閲歴経験ならびに深い学殖によるものと考えられる。慶応三年の長崎での対外折衝をはじめ、翌年の徴士参与職、政体書、職員令の起草、行政官機務取扱などを経ており、佐賀藩出身者から任命するとなればまず順当な人事であろう。副島も問題なく参議を拝命したようである。

もう一人参議になる前原一誠（長州）は、北越に官軍参謀として勇戦し、戊辰の戦功により永世禄六〇〇石を受けている。明治二年二月、朝命により上京し、越後府判事に任ぜられ、信濃川分水工事に関わる。

前原の参議登用に当たり、三条・岩倉は七月五日参与木戸孝允・広沢真臣にその人物などについて問うた。七月八日、参議に任命されたが、前原は翌九日にも拝命せず、大久保（待詔院学士）が心配して、吉井友実（弾正大忠）を遣わし、副島らの困却を陳述させたが受けず、十九日三条右大臣が前原の寓居を訪ね、参議就任を勧説するにおよび、拝命に決した。前原は二旬の賜暇を請い、二十日東京発、越後に赴き、八月四日越後を発し帰京した。この間、七月二十二日大久保が、翌二十三日広沢が参議となっており、広沢は八月二十四日、前原の出勤を促した。疾癒え参議として前原が出仕したのは九月十二日であった。

徳川慶喜《よしのぶ》らの処分に関して朝議では寛厳両論容易に決し難かった。前原は寛宥論に反対なので、大久保は広沢・副島と謀って前原の反論を説破し寛典論に同意させた。のち前原は三条右大臣に書を致し辞官を請うた。書中まず西郷の挙用を強調し、「今日受参議任者大久保の寛大、副島の博識、広沢の吏務、三人戮力協心《りくりょくきょうしん》」をと望む（『前原一誠伝』七五二ページ）。

十二月二日、前原は遭難死亡（十一月五日）した大村永敏の後任として兵部大輔に転じた。

明治二年八月十日、天皇は太政官に親臨し、大臣・納言・参議らは皇威の宣揚と国権の拡張に務める旨を宣誓した。署名したのは三条・岩倉・徳大寺と大久保・広沢副島の四参議であり、また遵守すべき約束四条をたてた。

参議らの盟約書

（一）機密の件を漏洩すまじきこと

（二）大事件は三職熟議し、諸省卿輔弁官または待詔院・集議院へ事柄により諮問を経て宸裁を仰ぐべし

（三）大小の事件は三職の間にあっても忌憚なく心腹を吐露し反復討論決定すべし

（四）三職の輩は毎月三四度あるいは五六度各自の宅に相往来集会し情を通じ親を結び、一点の隔心なく交わりて、奉公の便を計るべきこと

（以上、要点。『明治天皇紀』二）

この盟約書の背景には、職員令の評議に際し、内密にしていた「人選の紙面」の存在を

三条が口外したことで、大久保が困惑する事件があった。大久保らの維新官僚は「朝権」の要となる三条・岩倉の確乎とした決断を要請し、さらに三職の団結・誓約による、政治的立場の強化と権限の確立を企図したのである（松尾正人『維新政権』）。なお、参議陣は前原一誠が明治二年十二月二日に兵部大輔に転じて以後、副島・大久保・広沢の三人の期間が三年二月（佐佐木高行の任命）まで続いた。

大学御用掛

慶応四年六月、旧幕府の最高学府昌平黌《しょうへいこう》を復興し昌平学校と称したが、明治二年六月には昌平学校を大学校とし、開成学校・医学校を大学校分局の形とした。七月八日の新官制で大学校の組織を制定し、大学校は教育行政も掌ることになった。八月二十四日、大学別当に松平慶永《よしなが》が民部卿兼大蔵卿から転じて任ぜられた（兼侍読）。後年の文部卿と大学総理を兼ねたような地位である（文部省は明治四年七月設置）。二年九月十五日には副島参議が大学御用掛を兼ねることになった。

この大学御用掛任命については、副島の履歴書に記載がなく、修史局編纂『百官履歴』（日本史籍協会刊）や『明治史料顕要職務補任録』（著作者総代人・金井之恭）にも載せていない。また年月日順に任免をたどれる「任解日録」（式部寮任叙課、明治七年、国立公文書館蔵）にも見えない。それが大久保利謙《としあき》の研究によって知られることになった。

慶応四年二月、新政府は学校掛に玉松操《たままつみさお》・平田銕胤《かねたね》・矢野玄道《はるみち》らの国学者を任命した。三月、この三名起草と見られる最初の大学制度案「学舎制」は寮中に皇祖天神社を祀るとし、大学別当(親王)・大学頭(公卿)・大学助以下を置き、教官は大学博士・大学助教などと立案され、総裁局から各局に回付して意見を求めた(実施には至らない)。

「学舎制」

教育界で皇学派と漢学派が主導権を争ったので、明治元年九月京都に皇学所と漢学所(学習院、大学寮代の後身)を置いた。両学校は公家神官の子弟に国学・漢学を授けたが、ともに復古的理念に立ち反目を続けた。西洋学術の摂取が要請されるに伴い、京都に大学校を創設するため皇学所と漢学所は廃止された(明治二年九月)。政治の中心が東京に移ると、京都大学校創設の計画は中止された(二年十一月)。前記のように、東京ではすでに二年六月に大学校が発足していた。同年十二月に大学校を大学、開成学校を大学南校、医学校を大学東校と改称した。三年七月に大学本校は閉鎖となるが、副島の大学との関係は明治二年九月から三年七月までであった(松平慶永大学別当も七月十三日罷免)。

皇学所と漢学所

明治三年二月　大学規則、中小学規則を定めた。洋学系統の学校制度案である。

大学規則

中央に大学　一校　各府藩県に中学・小学を置く。

教科・法科・理科・医科・文科の五科目

副島就任は大学校紛糾対策

副島の就任は大学校の陣容に重味を加えるものであった。以下、大久保利謙の研究に拠って、就任当時の事情に言及する（『大久保利謙歴史著作集』四、二九一ページ〜）。

明治二年九月十三日、大学別当松平慶永が三条実美を訪ね、学校問題を縷々陳述した際に、三条から副島参議の話が切り出され、松平別当も大学校としてははなはだ好都合と考えて、実現を望み即座に返答したものらしい。松平別当は十六日に書簡で謀臣の芳野《よしの》金陵《きんりょう》少博士に副島の大学御用掛就任を報じ、この儀を岡松甕谷《おうこく》大助教ら三名に内々に伝えるよう命じている。副島の大学御用掛任命は天下りであり、集議院への諮問と同様、大学校紛糾対策の一つであった。

国学派と漢学派の対立

松平別当は十六日に副島にも一書を送り大学校の実情をのべる。大学大丞以下多くは皇学家で漢学家がなく、皇学家が漢学家を蔑視して圧倒し、「現場瓦解之兆已《すで》に顕れ」ている。合併の趣意は尤もであるが、実際には皇学校・漢学校の両寮にある程度独立性を立てるという意見で、鎮静策としてまず大丞以下の人事刷新を力説した。折返し副島からは明日参朝の折に示談をしたいと短い返書が届いた。九月十五日には仙石政固《せんごくまさかた》大丞も副島を訪ねて事情を訴えている。

副島はこれらの事情聴取により複雑な模様を知り、慎重に構え、しばらく学内の動静を観望していたが、九月二十五日に松平別当と面談した際、松岡時敏大学大丞と万事相談する意向を漏らした。実は松岡大丞は別当に受けが良くなかったのである。

大学本校の閉鎖

九月、集議院への下問で漢学派が圧倒的な支持を得た結果、学制の改革が迫られる。国学派と漢学派の確執により休講状態であった大学本校は、「大学規則」が制定されたから、明治三年三月に入ってようやく開講の運びとなったが、学内動揺が再発した。今度は国学・漢学両派が結んで洋学派に対抗する形となった。「大学規則」が洋学派による大学構想であるのに対する不満が吹き出したのであった。この紛争が容易に解決しそうもないまま、七月十二日の学制改正により、大学本校は閉鎖されるに至った。大学南校と大学東校は存続し、ともに東京大学（明治十年）の源流となる。

明治三年十月九日、皇居学制局で西周《にしあまね》と津田真《ま》道《みち》に会った。両人は九月に学制取調御用掛になっており、西は兵部省出仕と兼勤であった（九月二十八日）。就任の挨拶であろうが、話の内容は分からない（『西周全集三日記』）。副島の大学御用掛は七月の大学閉鎖とともに終わっていたと見られる。さすがの副島でも大学問題紛争の解決に快刀乱麻を断つに至らない。

蛇足だが、明治四年、大久保の官員人選覚書に「文　副島」と文部卿に擬している

（『大久保利通文書』九）。

副島に謹慎処分

明治三年三月二十八日、副島は「弾例取停手落に及び不束《ふつつか》の次第」につき「謹慎」を仰せ付けられた。「弾例」とは前年九月八日に布告された弾正台の台務に関する例規であり、三年二月二十八日「弾例」の施行は一時停止されていた。

弾正台

そもそも弾正台は明治二年五月二十二日、それまでの刑法官監察司に代って設置され、同年六月二十六日九条道孝が長官（尹）に任命された。七月八日の官制改革により、尹・弼・大忠・権大忠・少忠・権少忠・大疏・巡察弾正・少疏・史生が置かれ、行政監察、司法警察、訴追の機関として、政府内外の非違の糾弾に当たる。京都には留守弾正台を置いた。

弾正台止刑事件

参議副島が弾例停止を「遺忘」したとして、謹慎を命ぜられるとともに、二十八日、弾正尹九条道孝、少弼吉井徳春、大忠安岡良亮《りょうすけ》、少忠山田信道、権少忠河野《こうの》敏鎌《とがま》が弾例を錯誤したのを譴《とが》め、また京都府知事長谷信篤《ながたにのぶあつ》、大参事松田道之、権大参事槇村正直、弾正大忠門脇重綾《かどわきしげあや》、同海江田《かえだ》信義《のぶよし》、少忠足立正声《まさな》の客冬停刑の罪を判じ、それぞれ謹慎を命じた。副島参議の謹慎は本罪三十日のところ五日で、四月二日に釈《と》かれた。広沢真臣参議の謹慎も同様だが、五月十二日から十九日までであった（『明治史要』、『百官履歴』）。

客冬停刑とは、明治二年十二月に起こった京都弾正台による止刑事件のことである。

大村益次郎遭難

明治軍制の樹立に洋式を採用し、廃刀、徴兵制を意図していた兵部大輔大村益次郎《ますじろう》は、大坂方面視察の途であった同年九月四日、京都木屋町《きやまち》の旅宿で同じ長州藩の攘夷派浪士などに襲われ負傷し、蘭医ボードインの手術むなしく十一月五日に没した。

犯人八名のうち神代直人を捕らえた山口藩は京都府に引渡さずに斬首した。他の犯人らの審問をとげた京都府は十一月二十二日、断刑伺を刑部省に提出した。刑部省では大輔佐佐木高行らが審理に当り、犯人金輪五郎（秋田）ら五名は梟首と決定、十二月二十日、京都府による粟田口《あわたぐち》での処刑直前、弾正台京都支台は東京からの命令未着を理由に、衆人環視の中で執行を中止させた。急報に接した太政官は速かに処刑すべきを京都府に通達し、十二月二十九日、犯人らの処刑が九日遅れて京都粟田口で支障なく執行された。

弾例停止の理由

京都弾正台は東京から弾例停止の通告なきのみならず、この処刑が弾例の規定を履んでいないことを理由として立ち会いを拒絶し、京都府松田大参事らを説き伏せ、ついに刑の執行を中止させたのであった。これは当時弾正大忠の海江田信義をはじめとして、兇徒らの唱える所に共鳴してこの挙に出たものであった。

京都弾正台は明治二年一月五日、横井小楠《しょうなん》殺害事件の時に、同年十一月晦日、太政

官への建議で横井平四郎（小楠）を糾弾し、犯人の減刑を主張していた。佐佐木高行（刑部大輔）は横井一件書類を副島参議に差し出し、「此件は、副島は弾正台の過激論者の肩を持つの風あり、可笑」と記している（『保古飛呂比』四、十一月二日の日記。『日本政治裁判史録 明治・前』一九六八年）。

ドイツ医学採用と副島

幕末維新期の西洋医学導入では、長崎でポンペによるオランダ医学伝習が安政《あんせい》四年（一八五七）に始まり、ボードイン、マンスフェルト（明治四年まで）と継がれる。この間戊辰戦争ではパークス英公使の斡旋により公使館英医ウィリスが北越・会津で負傷兵の治療に活躍した。明治二年、政府雇いの医学教師となる。

明治二年一月「医学校取調御用掛」に任命された相良知安（佐賀）・岩佐純（福井）は同年五月に医学校兼病院の権判事に任命された、両人はドイツ医学採用の主張者だった。

石黒忠悳の回想

陸軍軍医総監になる石黒忠悳《ただのり》の『懐旧九十年』（岩波文庫）によれば、明治政府の顧問のフルベッキを相良が訪問し、どの国が一番進んでいるかを質問したところ、ドイツが宜しい、ドイツでもプロシアが宜しいとの明答を得た。相良はフルベッキにそのことを書いた一片の証言書をもらい、政府要路の人々にドイツ医学採用を説き廻ったという（鍵山栄『相良知安』日本古医学資料センター、一九七三年）。

当時、当路の有司中、第一番に私どもの味方になってくれられたのは、副島種臣伯でありました。同伯は国体の上からして、米国の如き民主国は全然我が国と相容れないものであるという観念を抱かれ、従って一般文化も米国に採ることは反対で、万事は立憲君主国たる独逸に倣うがよいという強硬な主張をもっておられたようであった（石黒『懐旧九十年』）

石黒は一日副島を訪い、ドイツ医学採用への尽力を請い、援助を得ることになった。「医学者以外では副島伯とフルベッキ氏が、この独逸医学輸入について大なる援助者でありました」と述べるが、なおもう一人、大いに力を貸した者として西郷隆盛の名を挙げる。それはドイツ医学採用後の英医ウィリスの処遇に関してであった。ウィリスは大学校の任期を終えると、明治三年末、西郷の世話で鹿児島医学校の校長に赴任した（月給九〇〇ドル）。

ドイツ人医師の着任

四年八月ドイツから待望のミュルレル・ホフマン両教師が東京医学校に着任した。

副島はのち賜暇願い（十一月、史官宛）に肝臓肥大の治療に関してミュルレルとホフマン両ドクトルの名を挙げている（副島種臣関係文書／神谷昭典『日本近代医学のあけぼの　維新政権と医学教育』医療図書出版社、一九七九年、榊原正義「日本近代医学の形成（I）—ドイツ医学採用の経緯—」『日独文化交流史研究』五号、二〇〇二年）。

相良知安と副島

蘭方医の相良知安（一八三六～一九〇六）は佐賀藩医の子である。長崎でボードインに西洋医学を学び、前藩主の侍医として上京し、第一大学区医学校長、文部省初代医務局長を歴任したものの、晩年は不遇であった。鍋島邸より補助金を受けていたのが今月限りという時、副島に救助を求めた。副島はこれまでも尽力を得ている大隈伯に、三月二十日に書簡（年不詳）を送り、「何分貧困にて立行」かないので、今一応の心配をと依頼したのである（『大隈重信関係文書』7、みすず書房）。

新律綱領と副島

新政府による刑法典の編纂は明治二年三月刑法官（七月刑部省）に刑律取調掛が設置されて以降、佐佐木高行以下、水本成美（主任）・村田保・鶴田皓《あきら》・長野文炳《ふみあきら》らにより進められ、草案（新律提綱《しんりつていこう》）が成り、三年二月の刑部省内における審査会議での議論を経て、六月には新律六冊が太政官に進達された。太政官では審査委員長に副島を任命した。「経歴偶談」に言う。なお談中の司法省とは刑部省のことである。

> 新律綱領草案の成りたる日は丁度大風の日であった。起草委員たる司法省の諸官人が太政官に伺に来られて、即日該新律案審査委員長の任務を私に命ぜられたから、其翌日より毎日私自宅に於て該新律綱領審査会を開き、各一個条毎に其司法省の主

任官人と討論をして、或は之を刪り或は之を修正したることも沢山あった。副島は刑法典編纂を「維新政府の命運に関すべき重要事件にして、其中に聊《いささか》も惨酷らしき事のあってはならぬ」と深く慮《おもんぱか》ったと述懐する。

謀反・大逆の条を削除

草案を閲読した副島は「賊盗難律」に謀反《むほん》・大逆《たいぎゃく》の条あるを発見して、たちまち慨然大喝し、「本邦の如き、国体万国に卓越し、皇統連綿として古来かつて社稷《しゃしょく》を覬覦《きゆ》したる者なき国においては、かくの如き不祥の条規は全然不必要である。速に削除せよ」と命じた。よって、委員は謀反・大逆に関する条をことごとく草案から除き去った（明治六年六月頒布の「改定律例」でも謀反・大逆の罪に関する個条は載せなかった）。

穂積陳重『法窓夜話』（大正五年）では、副島が「忽ち慨然大喝し」「速やかに削除せよ」と命じたというが、村田保の回想「刑法編制上の一大恩人」（『日本及日本人』六二七号、大正二年）によれば「諄々として我朝建国の由来を説き」「懇々其の不可なる所以を説かれたり」とある。刑法官内に新律編纂局を置き、御用掛として水本安太郎（成美）・鶴田弥太郎（皓）・村田虎之助（保）の三名が新刑法制定に鞅掌《おうしょう》した。副島はしばしばこの局に臨み督励した。新律綱領編纂時の事柄について、穂積は村田から得たところを誇張したものと推定されよう（鶴田徹『元老院議官鶴田皓』鶴鳴社、一九九九年）。

このような審査を経て、明治三年十月五日に刑部省は再訂草案を進達し、九・十両日に天皇の御前で条項が読み上げられ、確定された新律綱領は十二月二十日、府藩県に頒布された。その上諭には、「朕《ちん》刑部ニ勅《ちょく》シテ律書ヲ改撰セシム乃《すなわ》チ綱領六巻ヲ奏進ス朕在廷諸臣ト議シ以テ頒布ヲ允ス内外有司其之ヲ遵守セヨ」とあった（手塚豊『明治初期刑法史の研究』慶応通信、一九五六年、鶴田徹前掲書）。

法典翻訳

新律綱領は養老律《ようろうりつ》、公事方《くじかた》御定書《おさだめがき》、明律、清律などを参照した東洋の刑法典であった。明治初期の西洋法典移入では、明治二年、江藤新平《しんぺい》がフランス民法を箕作《みつくり》麟祥《りんしょう》に翻訳させたのが早いと伝えられていた。太政官制度局中弁の江藤（民法編纂会会長）が大学中博士箕作に「誤訳も妨げず唯速訳せよ」と和訳を急がせ、二、三枚できると直ちに会議にかけるという風であった。会議では、箕作が droit civil を訳した「民権」の語が議論をまき起こしたという。民法編纂会議は明治三年九月に発足している。

副島の談話

フランス法典翻訳を箕作に命じたのは江藤の発意と世間に流伝されているが、との問いに対して、副島は「否、さうではない」と明答し、箕作による翻訳開始の首唱者は、江藤より先に副島であったという。以下「副島伯経歴偶談」を引用する。

「コード、ナポレオン」即ち仏国那翁法典の原書を求めたるに、之を横浜から中野健明《たけあきら》と云ふ者が持って来て私に呉れた。それで私は直ちに其事を政府に上申して、箕作麟祥氏に該「ナポレオンコード」の飜訳を命じた。此一事は明治二年の事であった。而して半ケ年程経て後、其飜訳悉皆成功したるを以て、私は同本成稿を太政官に進呈したる処が、其頃の参議即ち私と同列なる江藤新平が其飜訳原稿を懇切に所望して三条岩倉諸公に請ひ、此事丈けは自分にさせて呉れと言って、司法省の組立の為めに此訳書の原稿を終に貰ひ受け、之を持って行かれた。是れ此事が日本に於て西洋法律を参酌《さんしゃく》採用するの始まりであった。

そしてこの仏文法典原書の飜訳に対する報酬金一〇〇円を箕作に遣わされたのも「私の手を経たることであった」と語っている（「経歴偶談」）。

副島は制度取調べに任じていた明治二年、編纂中の「新律綱領」（刑法）の参考にナポレオンコードの一部を箕作に翻訳させた。江藤はこのフランス刑法和訳を見て、民法もフランスに範をとることに決断したのである。

中野健明

副島の談話に法典原書をもたらしたとされる中野健明（剛太郎）は佐賀藩士である。長崎で副島・大隈とともに致遠館《ちえんかん》に学んだ。明治二年外務少丞。司法権中判事で岩倉大使に従い洋行。のちパリ公使館勤務、大蔵省関税局長などを経て、明治二十六年長崎県知事から神奈川県知事となり、三十一年現職で没した。

箕作麟祥

箕作麟祥（貞一郎）は幕府蕃書調所教授箕作阮甫《げんぽ》の嫡孫で、十九歳で翻訳御用頭取、慶応三年（一八六七）仏国博覧会に渡航、翌年帰国し、新政府で学校取調御用掛、明治二年（一八六九）四月外国官の翻訳御用掛、八月大学中博士を歴任した。十二月「仏蘭西法律書翻訳勉励」で、金百円を下賜された。

江藤新平

江藤新平は明治元年十月東京府判事、二年十一月太政官の中弁、三年二月本官をもって制度取調専務、四年七月文部大輔、制度局兼務、八月左院議員・副議長、五年四月司法卿を歴任した。参議就任は六年四月で、副島と同列になった。なお司法省設置は四年七月である。

民法草案のその後

結局、民法草案は、太政官制度局、左院、明法寮、司法省民法会議などの各草案がいずれも成立採用に至らず、明治十三年（一八八〇）元老院民法編纂局での仏人顧問ボアソナードにより起草される。同年ボアソナードの原案起草になる刑法が公布されるが、皇室に対する罪に関する条文が含まれていた。

廃藩置県と鍋島直正

廃藩置県の問題が起こったとき、江藤は副島・大木とともに鍋島直正に面会した。そのときの様子として、久米邦武の談話が残されている。

垂死病中の鍋島閑叟に謁し、廃藩置県の已むべからざるを説いて、「今にして之を断せずんば、国家の前途、未だ知るべからず」と云ひ、木戸も之に同意したことを告げ、其賛成を求められた処が、閑叟は、殆ど気息奄奄の際であったにも拘らず、大に喜ばれ、「是が出来やうか。果たして出来るならば、王政復古の基礎が立ったも同様である」と云はれたので、江藤は意外の事であったそうだ。初め閑叟は、廃藩置県に同意するや否やを疑って、之を岩倉公に話されたことがあるそうで、江藤の言を聴て喜ばれたのも当然である。

（久米邦武談。大津淳一郎『大日本憲政史』一、四三一ページ）

鍋島直正の死去

明治四年一月十八日、前佐賀藩主鍋島直正は没した。この一月から薩長土の三藩が廃藩置県について協議したが、武力の準備も鹿児島・山口・高知三藩の献兵により「御親兵」が六月までに東京に集められた。七月九日以降、薩長両藩（西郷・大久保　木戸）の廃藩置県についての密議では、土肥両藩は排除されている。

七月十四日、在京五六藩知事を召集して、廃藩置県の詔が出された。同日の人事更迭で大隈（再任）・板垣（新任）が参議に加わる（松尾正人『廃藩置県』一九八六年）。

第三　副島外交の展開

一　外務卿就任

副島参議と対外交渉

第一章で述べたように副島の対外交渉の経験は慶応《けいおう》三年（一八六七）長崎での各国領事との折衝に始まり、翌年三月、新政府の徴士《ちょうし》・参与、明治二年（一八六九）七月からは参議として外交問題にも携わる。この間、対外応接の場は私設の会議所（長崎）、外国事務科（京都）・外国事務局（大坂）・外国官（大阪・東京）・外務省（東京）と変遷した。

副島の実歴談によれば、当初の外交について、（一）外国人殺傷にまつわる件、（二）諸藩が外国から借りている金（外債）の催促の二点だけのようで、「其他に外交なんぞと云ふむづかしいことは制度草創の際で別になかった様です」と、大まかな話になっている（「明治初年外交実歴談」『全集三』三六八ページ。以下「外交実歴談」と略す）。

普仏戦争に局外中立

副島が外務卿《がいむきょう》になる前、参議として寺島宗則《てらじまむねのり》外務大輔とともに処理に当った案件に、普仏戦争局外中立に関わる事柄があった。普仏両国の要請を受け、明治三年七月二十八日、日本政府は局外中立を布告した。沢宣嘉《のぶよし》外務卿の時である。この時、横浜の実業家高島嘉右衛門がプロシアの船を一隻購入した。ところがその船をフランスが捕獲した。そこで寺島大輔が『万国公法』をひろげて太政官《だいじょうかん》に伺いに来た。中立国の船を捕獲するのはならぬことという。フルベッキに尋ねると、万国公法といっても、著述家の公法もあれば、慣例となっている公法もあるというので、沢外務卿らに向かい貴下のは著述家の公法ではないかとやった。

仏国公使との談判

結局、副島は「内閣の総名代として仏国公使に面談せよと命ぜられた」。八月十八日に寺島同伴で横浜に出張する。鉄道開通前であり、騎馬によってフランス公使館を訪れた。公使ウートレー（M. Outrey）は副島によれば「スエズ運河の出来る時管理者をして居った随分物の分かった男」であった。

副島は仏公使に対して、貴国が締盟国（ドイツ）と戦争になったのでやむなく我国は局外中立を布告したが、政府の役人のみが知っているようなものの、人民らが知るということは、もとよりない。そこで高島が船を買ったというのも、敵を助けるという訳ではない。何も知らないで、安い船を買ったのであり、どうか考案はあるまいか、とやってみた。公使は困って頭を掻きしばらく考えていたが、よろしうござると、次のように言った。今晩日暮れになると仏国軍艦の乗組員は悉く鳥目になる、その時、その船（高島が買い捕獲された船）が試みに遁逃すれば、仏艦は知らずに居るであろう、と。そこで副島らは礼を述べ、帰ってからその通りにさせた、という。

副島らは九月三十日にも横浜を再訪し、仏国ウートレー公使、普国ブラント（M. A. S. Brandt）代理公使と、局外中立規則に関して会談した（『大日本外交文書』三）。副島によれば、ブラントとウートレーとは至って懇意であった、として不仲説を否定している（「明治初年外交実歴談」）。

なお普仏戦争は明治四年二月に講和が成立し、局外中立廃止布告を前に、外務省は神奈川県に対して、滞泊の両国軍艦は平時の扱いとすることを指令した（『大日本外交文書』四）。

露国公使との会談

明治三年十一月三日、副島参議は寺島外務大輔とともに、横浜のドイツ公使館でロシアの清国駐在代理公使と樺太境界談判の方法などについて話し合っている。また四年五月には露国ポシェット湾派遣を命ぜられた。これらについては、別項で述べる（一三四〜一三五ページ）。帰国後の同年七月二十四日に参議を罷免、御用東京滞在となる。反対していた太政大臣が置かれ、三条実美《さねとみ》が就任した（七月二十九日）。

外務卿に就任

明治四年十一月四日、正四位副島種臣は外務卿に任命された。初代外務卿沢宣嘉（二年七月八日外務省設置）、二代岩倉具視《ともみ》（四年七月十四日）についで第三代で、六年十月二十八日に寺島宗則（外務大輔）と交替するまで、二年弱その任に在る。前任者岩倉が在任四ヵ月弱と短かいのは、十月八日に右大臣・特命全権大使に任命されたためである。

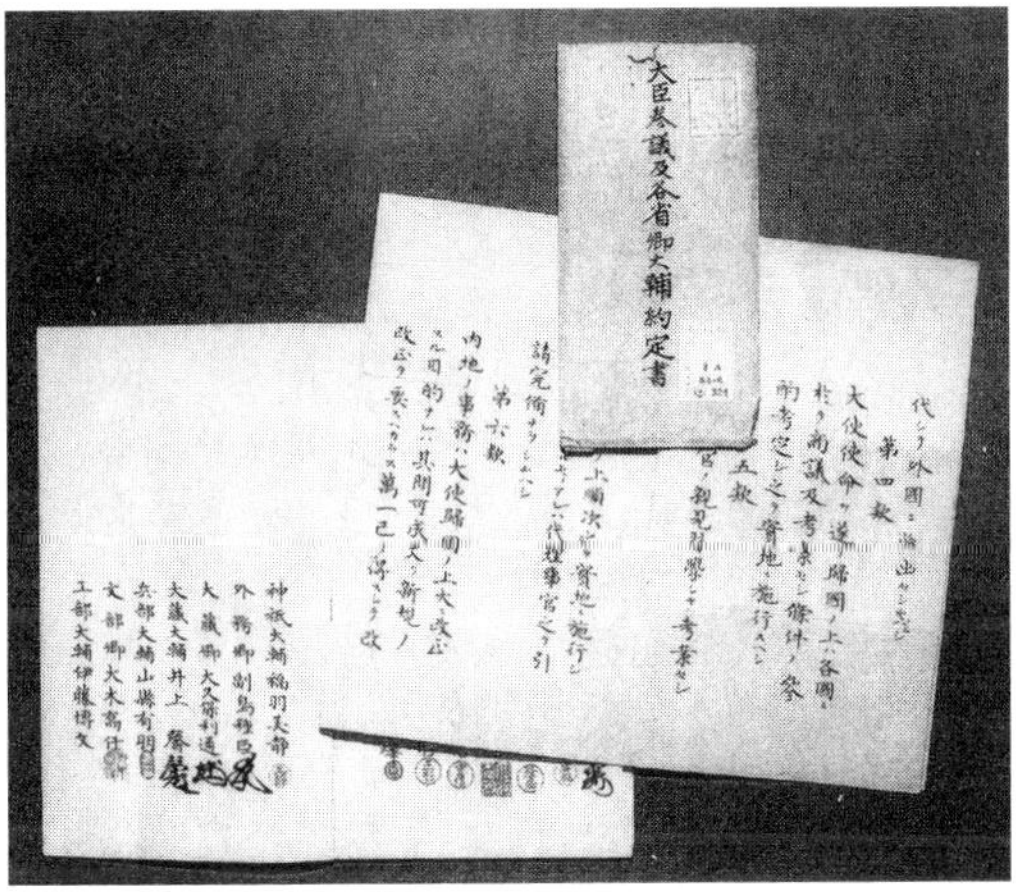

大臣参議及各省卿大輔約定書（国立公文書館所蔵）

岩倉使節の派遣と副島

副島は明治四年七月二十四日に参議を辞し、御用東京滞在の身であったが、外務卿の話では、進んで岩倉の後を襲ったと、大隈は語る。外務卿就任直後の十一月九日（一行の横浜発は十一月十二日）派出使員五名と留守官員一三名の計一八名は一二ヵ条の約定を立てた（「大臣参議及各省卿大輔約定書」）。それは、次のような個条を含むものであった。

（第六款）内地ノ事務ハ大使帰国ノ上大ニ改正スルノ目的ナレハ其間可成丈新規ノ改正ヲ要ス可ラス万一已ムヲ得スシテ改正スル事アラハ派出ノ大使ニ紹介スヘシ。

（第七款）廃藩置県ノ処置ハ内地政務ノ純一ニ帰セシムヘキ基ナレハ条理を遂テ順次其実効ヲ挙ケ改正ノ地歩ヲナサシムヘシ。

（第九款）諸官省トモ勅奏判を論セス官員ヲ増益ス可ラス若シ已ムヲ得スシテ増員ヲ要スル時ハ其情由ヲ具シテ決裁ヲ乞フヘシ。

当時、副島・板垣らはいたくその不条理を論じこれに反対したが、結局、大使洋行中なるべく政府の改革を行わないことに決した。しかし、副島のみは断然あくまでも自己の意見を主張し、屈従しなかったという（『西南記伝』上巻二）。

国立公文書館所蔵の約定書正本には連名捺印されているが（伊藤博文を除く）、三条・副島・大久保・井上の四名は印でなく花押であり、副島も結局は連名に応じたのである（この「約定」に関して、国立公文書館発行の『北の丸』創刊号〈昭和四十八年〉に石渡隆之専門官による詳細な本文考証「大臣参議及各省卿大輔約定書について」がある）。

大隈重信は海外使節派遣の提唱者と自認しているが、この留守政府との盟約も大隈の発起によるという。『大隈伯昔日譚』では「余の要求は使節と閣員の容るる所」となったと語っている。

いずれにせよ、新国家建設期の諸施策を急務とする留守政府にとって、長期にわたってこのように制約・束縛を加えられるは事実上にも無理で、守りきれない約定であった。

対米交渉に反対

岩倉使節の使命は、（一）締盟各国の聘問表敬、（二）制度文物の調査視察、（三）条約改正の要望と各国の意向打診であった。ところが最初に訪問し歓待を受けた米国で、駐在の森有礼《ありのり》少弁務使、伊藤博文《ひろぶみ》副使の意見、また国務長官による米国の政体・制度の説明を聴いて、本来、条約改正に関しては各国との予備交渉の予定であったのに、明治五年二月、具体的な交渉に入ることになって、大久保利通《としみち》・伊藤の両副使が全権委任状を受取るため、一時帰国する。両人は二月十二日にワシントンを発し、三月一十四日東京着、条約改正談判の委任状下付を求めた。これに対して留守政府内では反対論が多く、とくに副島外務卿と寺島外務大輔は最も強く反対した。

外務卿辞職を表明

副島は各国公使に対して、岩倉大使に談判の都合により調印の権を付与したことを通達した後で、外務卿辞職の表を呈したが、受理されなかった。このことを外務大丞らから、大使随行の田辺太一一等書記官ら宛に報じている（四月二十五日か。『大日本外交文書』五）。

外務卿の権限拡大

結局、五十日間もの経過の末、五月十四日各国君主に贈る国書ならびに条約改訂委任状（いずれも「奉勅　外務卿　正四位　副島種臣」と加署）が、条約案とともに下付され、大久保・伊藤両副使は米国へ持参した（『伊藤博文伝』上）。

両副使不在中も続いた対米交渉は帰着直後に打切られ、七月使節団は英国に渡る。

米国との重大な交渉が外務卿の関知しないところで決定されたことに抵抗して、委任状の交付に反対した副島外務卿は、寺島外務大輔とともに、明治五年四月二十五日外務卿の権限に関する強硬な上申書（卿輔両名）を正院に提出した。

一、御国書に加印するは外務卿之任たるべし、抑《そもそも》外務卿は政府の名を以て外国に接するものなれば、政府に代りて外国之責に任ずる事其職分なり、則《すなわち》加印之権外務卿を置て夫れ誰に在る哉……

一、大使と政府との往復外国交際に関るものは、外務卿必ず先つ其議に渉り且之を扱ふべき事と奉存候

一、命を在外使臣に伝へ訓条を授け交際を保護するは外務卿之職なり、然れば凡そ使臣を派遣し且その階級を進退するも、先其議を経ざるべからずと奉存候

一、条約改定を外国に而決せられ候は前議に戻《もと》り内外不都合之廉不少……

結局、議論の末、前記のように委任状は下付されたが、従来の慣例を破って、外務卿の加署をもって発給されており、また全権大使らが特定国との間に条約を調印することを許さないとの大幅の留保条件がついている。副島・寺島の上申書の真の意図は、出先の岩倉らの独走を制御するにあったことは明らかであるが、「それにも増して、外務卿の権限の拡大強化を主張し、これを貫徹した点は見逃しがたい」とされる（『外務省の百年　上』原書房、一九六九年）。

明治5年頃の外務省（『日本外交秘録』より）

英国使臣に着座引見

沢外務卿当時のことで、四年三月二十九日、英国特派全権公使パークスが賜暇帰国を前に宮中大広間で謁見があった。天皇は椅子に著座のままの賜謁であった。公使は帰国中は書記官アダムズが事務を代理する旨を言上した。

英国代理公使ワトソン

副島外務卿就任後の五年五月十五日、小御所代で新任英国公使館書記官兼代理公使ワトソン（ワットサン）の謁見が行われた。ドイツ駐在書記官に転任したアダムズの後任だが同人は着任後、拝謁を願うに当り、西洋諸国一般の風習により天皇の著座のままでなく、正立しての賜謁を外務卿に請うた。副島によれば、外国の使節たるもの、その国に入ってはその国の儀礼に従うべきは万国公法上も当然なりとして峻拒した。立礼されなければ謁見せぬとの意見ならば謁見なさるなと。ワトソンは一言もなく退いて、それで事は済んだ

外国使臣に立礼引見

その後、ロシア代理公使が来た時には、謁見の礼儀は立礼も坐礼も日本の勝手でよろしいと穏和に談話され、その趣旨を承認して謁見のことを運んだ。いよいよ露国代理公使の参内引見になると、意外にも天皇は立礼であった。これを知ってワトソンは汗顔の至りでその言辞を改め「如何の御礼でも苦しからぬ故に参内謁見を許されたし」と請い、謁見となったが、天皇自らの立礼で目出たく事が済んだ。

副島の外交観

副島は「一小事の末と雖ども国家の礼儀は自主せねばならぬ」「他国より強ひられて礼を枉《ま》ぐるは太《はなは》だ非也。外交操縦の機は此様な事に存ずる者であった」と言い、この謁見一条からワトソンが日本に対して頗《すこぶ》る「信友」となり、後述のマリア・ルス号事件でも、発端となる急報をもたらした話につながる(「経歴偶談」)。

二　マリア・ルス号事件

マリア・ルス号事件の発端

明治五年六月四日（一八七二年七月九日）夜、横浜港に南米ペルー国のバーク型帆船マリア・ルス号（Maria Luz 三五〇トン）が暴風による船体破損修理のため寄港し、神奈川県令陸奥宗光《むつむねみつ》の許可を得て、港口近くに停泊した。同船は広東《カントン》付近で買い集めた清国人苦力（クーリー下層筋肉労働者）二三〇名と水夫二一名を載せ、マカオ（ポルトガル管治）から本国カヤオ港へ向かう途中であった。六日、陸奥県令は副島外務卿に、条約未済国船の入港許可を報告した（武田八洲満『マリア・ルス事件』有隣新書）。

六月九日に、船中での虐待に堪えかねて苦力一人（名は木慶）が海中に脱走して、港内の英国軍艦アイアン・デュークに救助され翌日艦長から英国領事館に身柄を引き渡した。英国領事館から木慶を引き取った神奈川県は、マリア・ルス号の船長へレイラ（ペルー国海軍大尉）を召喚した。神奈川県から木慶の引き渡しを受けた船長へレイラは口約に反して船内で笞刑と拷問を加え、弁髪を断った。苦力たちの悲鳴は隣りの英艦にも聞こえた。二十二日、別の苦力が救助を求めて脱出したが、上陸して船員に連れ戻された。

この事態に、英国代理公使ワトソンは米国代理公使シェパードと協議して、六月二十九日に副島外務卿へ各公文（一八七二年八月三日付）を寄せ、同船中での苦力虐待の事件が糾明されるように勧告した。ワトソンは「普通の仁情に依て要する」処置（common humanity demand）を人道主義から要請し、シェパードは「人外無法なる担夫の売買」をした船には「何等の世話致事をも相断申候」と述べている（「担夫」は荷を担ぐ苦力）。米国は中南米諸国の外交事務を代行していたのを断るという（『大日本外交文書』五）。

英米両国代理公使の対応

副島は太政大臣三条実美に乞い、本件の処理に関する全権委任を受け、外務卿指揮の下に神奈川県が裁判に当るよう県令に指令した。

副島外務卿の指揮

しかるに神奈川県令陸奥宗光は当時大蔵省租税頭を兼ねて地租改正とも取り組んでいることもあり、本件への政府の関与には反対で、外務省の指揮に応じようとしない。陸奥は五年七月神奈川県令を辞任し、大江卓《たく》が同県参事から権令《ごんれい》となる。

陸奥宗光の不介入説

反対は司法省からも出る。司法卿江藤新平《しんぺい》を中心とする司法省の見解は、法理的見地に立つ意見で、条約を結んでいない国の船舶内で起こった外国人の間の問題に、日本国は干与する権能はないとする。人道的立場から放置できない問題かもしれないが、このような人情的な情義のために、国法の及ばない領域にまで立入ることは、決して策の得

江藤新平ら司法省の態度

たるものではない。万・ペルーの恨みを買い、延いて国際間の問題となれば、国家に由々しき危機と言わざるを得ない、とする。

裁判権の所在

後日のことだが、裁判中の明治五年八月五日、司法省管下に神奈川・埼玉・入間の三県に裁判所を置き、神奈川裁判所が横浜の神奈川県庁に設置され従来の神奈川県裁判所の名称を神奈川県と改めた。神奈川県下の裁判権はすべて神奈川裁判所に帰属することになった。そうすると、この事件を裁判に付することに反対していた司法省は外務省の特別命令による神奈川県庁特設法廷に異議を唱えた。本件を裁判に付する以上は、神奈川県でなく司法省で行うのが当然であると主張した。司法省の考えを神奈川県に遣わされた司法少丞河野《こうの》敏鎌《とがま》が陸奥前県令に伝えると、陸奥は司法省による裁判に「僕至極同意」と大江権令に書き送った（八月七日）。しかし副島の説得により、八月十日、太政官正院は神奈川県に裁判所が置かれても、ペルー国船の裁判はこれまで通り取り扱うよう大江権令に示達した。

神奈川県特設法廷の裁判

副島種臣外務卿の指揮監督のもとに、神奈川県権令大江卓を裁判長とする特設法廷のマリア・ルス号事件裁判は二回あり、一回目は、船長に対する、いわば刑事裁判であり、横浜在勤各国領事が立ち会った。二回目は船長の出訴による民事裁判であり、各国領事の立ち会いを拒んでいる。

副島外務卿の信念

一回目の判決は明治五年七月二十七日、二回目の判決は八月二十五日であった。副島は「仁義のある所は則ち吾国家の当に務むべきの所」との信念で本件に取り組んだ（「白露国馬便亜老士船裁判略記　明治七年」『明治文化全集外交篇』）。

第一の裁判

七月一日（英米代理公使来書の翌日）副島外務卿は神奈川県参事大江卓に本件の「神速吟味」と結末の報告を指令した。大江は日本政府が事件を扱うのに賛成であった。大江を助けるのは、神奈川県属山東一郎、林道三郎（権典事）、神奈川県法律顧問米人ヒル（G. W. Hill）であった。事件の法理的解釈や文書作成などはヒルの意見によった。大江は横浜居留地監督官米人ベンソン（E. S. Benson）らを事実調査のため同号に赴かせた。

ワトソンとの会談

七月三日、ワトソン英代理公使は副島と外務省で会い、同船乗客とは売奴に相違ないので不審の点を取り調べるよう申し入れた。副島は英米各国などの法に売奴の買主を捕縛することがあるかと尋ね、ワトソンは各国の通法であり、米国などでは過酷な法があると答えている（『大日本外交文書』五［一九九］）。この時、後述の英人ホーンビーも同道していた。

審理の開始

七月四日より審理をロベルトソン（英国領事）とヒル（前記）の両人列座で行った。七月六日、神奈川県大江参事はマリアルス号船長に対して、「尚吟味裁判次第」もあるとし出帆を差し止めた。同日、二回目の審理では多数の苦力たちの供述を得た。

人道的見地を強調

七月十一日、横浜在勤各国領事連名で神奈川県令に対して、事件の処置について各国領事との協議を要望したが、八ヵ国の内、ポルトガル領事ロレイロは十二日に、マカオでポルトガル政府が免許した同船に対して、日本が抑留措置をとったことにつき神奈川県に質してきた。七月十八日、大江権令は同船抑留は虐待事件糺明中のためと答えるが、ロレイロへの返簡案には副島外務卿起草と外務省法律顧問米人スミス(P. Smith)の意見と二通りあった(『大日本外交文書』五〔二一二〕)。

副島案には、脱走苦力について「もし之をしも救わずんば、嗣後数十百の姓命を亡ぼすに至らん」と人道的見地を強調し、スミス案にはデロング(C. E. Delong)米公使がペルー国事務を代理するとしたが、どちらも大江の回答には含まれていない。なお『裁判略記』に載せる返簡には、他には見られない「尤も近々結案可相成に付、夫までは右船長幷《ならび》に船共引留居候儀に有之候」との付言がある。

船長の抗弁書

審問は連日行われたが、七月十九日、船長側は有能な英国人の代言人(弁護士)ディキンズを立て、船長の抗弁書を提出してきた。「万国公法に記載する海賊の所為とする罪状なければ、マカオおよび清国海上にある間、船上に於て所犯の罪状は日本政府の管轄する所にあらず」（第二）などと主張し、さらに「売奴の一件は日本法律及び規矩上に曽て禁制する所にあらず」（第六）と痛いところを突いて（『大日本外交文書』五〔二一二〕）、娼婦契約証文（身売奉公人請状、年季奉公人請状）および横浜黴毒病院の医事報告書を法廷に提出した。

弁護士ディキンズ

ここで代言人を引き受けたディキンズ（Frederick Victor Dickins 一八三八〜一九一五）について紹介しておく。ディキンズは、一八六三〜六六年（文久三〜慶応二）、七一〜七九年（明治四〜十二）の間在日した。マンチェスターの治安判事の長男である。パリに留学し、ロンドン大学で理学士、医学士の学位を得る。英国海軍軍医将校として中国・日本で勤務し、一八七〇年法廷弁護士となり、一九七一年に再来日、横浜に居留し、マリア・ルス号事件にペルー側弁護士として活躍した。明治十二年帰国し、ロンドン大学事務局長、ブリストル大学日本語助教授を歴任する。仏国アカデミー役員であり、日本学者として日本語に堪能なことから、その著作には日本文学の翻訳が多く、南方熊楠《みなかたくまぐす》との共訳『方丈記』もある。なお『パークス伝』の日本篇（東洋文庫）を執筆した。

各国領事が判決案を不承認

七月二十三日、裁判所は吟味目安書（判決案）を各国領事に送付した。二十六日に各国領事は会合し、吟味目安書を検討したが、プロシア総領事ツァッペ（Zappe）は意見書で本件は公海上の事件で、国内居住の外国人に関する件でないので、日本政府に裁判権はないなどと主張した。二十六日、病気欠席のフランス領事も、この裁判を「不正違法」とし、不承服を大江に表明するなど、大多数の領事が判決案に反対であった。

明治初期における駐日列国公使（『日本外交秘録』より）
前列右2人目より，パークス（英国）・デロング（米国）・副島種臣・ベルトミー（伊国）．

七月二十七日、大江裁判長は船長ヘレイラ、代言人ディキンスおよび清国人らを喚び出し、面前で吟味目安書を読み聞かせた。列席したのは、花房義質《はなぶさよしもと》外務大丞、居留地取締ベンソン、英・独・伊・デンマーク各国領事らであった。他にも前後して、蘭・米・ポルトガル領事、玉《たま》乃世履《のせいり》権大判事、河野敏鎌、島本仲道（以上司法省）、平井希昌《ゆきまさ》外務少丞、またスミス・ブスケ・ヒール・ラウダー（大蔵省・英人）の各法律顧問、英国裁判助役ハンネンらが裁判に加わっている（大江天也伝記）。

第一の裁判結審

こうして第一の裁判は、ハンネン上海高等法院代理判事（N. J. Hannen）とロバートソン神奈川英国領事（R. Robertson）の援助指導も得て終結した。

また、大蔵省に出仕したジョセフ彦（帰国漂民）が終始この裁判に立ち会っていた。

七月二十七日、大江裁判長は吟味目安書の通り、船長に判決を言い渡した。日本の刑律に従えば、罰は杖百に相当するが赦免、すなわち無罪との判決である。

第二の裁判

清国人苦力は全員帰船を拒否し、神奈川県から引き渡しを拒絶されたヘレイラ船長は八月一日、英人代言人ディキンズを代理人として、清国人船客（苦力）二三一人を相手どり、移民契約不履行の訴訟を起こした。八月十四日、大江権令は副島外務卿の指令に基づき、横浜在勤の各国領事に今回の裁判は立ち会いを求めないことを通知した。

第二の裁判結審

この裁判でも、原告代理人デイキンズは、日本における芸娼妓売買を持ち出した。

八月二十五日の判決で大江裁判長は、移民契約を無効として、長文の判決文の最後に「被告の勝利と決裁す」と結んだ。

清国人苦力を解放

ここにおいて清国人たち二二九名は解放され、外務少記鄭永寧と同船で八月二十七日来日した清国特使陳福勳に引き渡され、九月十三日に横浜を出帆し帰国の途についた。開帆前、陳特使は「深く我仁義の所置を感じ全国十八省へ布告」すると言った。横浜居留の清国商民は感謝の大旆《たいはい》（旗）を副島と大江に贈った。紅繻子《こうしゅす》に「指日高陞」の金文字は、副島によれば「日の高く上ぼる所を仰ぐ」頌徳《しょうとく》の意味という（両旆とも神奈川県立公文書館所蔵）。

ペルー国との交渉

翌明治六年、来日したペルー国特派全権公使（海軍船将）ガルシア（A. G. Y. Garcia）は三月三日に宿所延遼館を出て参内し、立礼の天皇に国書を捧呈した。

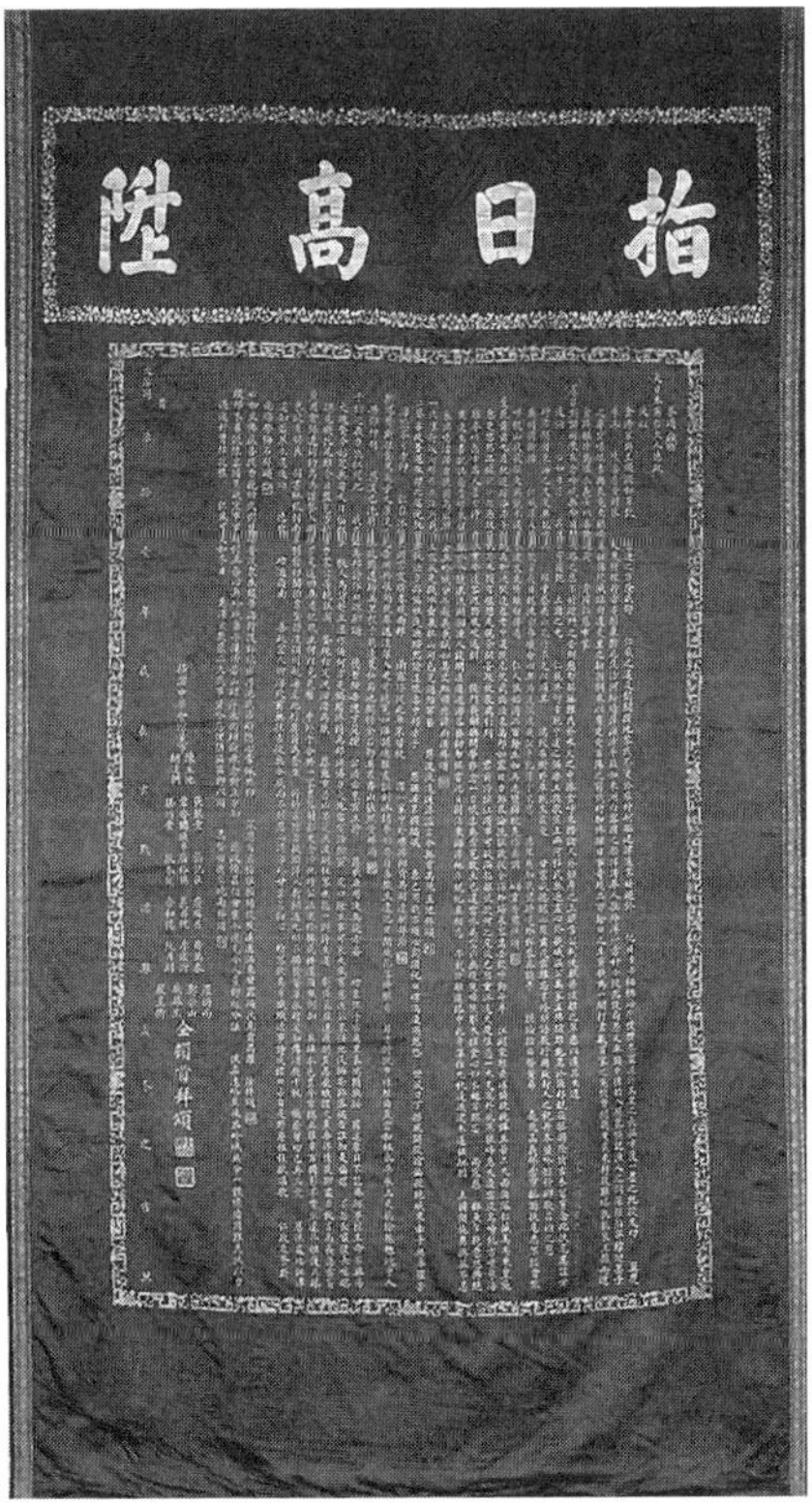

副島種臣に贈られた大旆
（神奈川県立公文書館所蔵）

三月五日、副島外務卿は外務省においてガルシア公使らに応接、上野景範《かげのり》外務少輔、花房義質外務大丞らが出席した。公使は軍艦でなく郵船で差遣されたこと、先年ストーンウォール艦のカヤオ着の節は懇篤に扱ったことなどを述べてから、マリア・ルス号一件の関係書類を残らず見せてほしいと切り出した。

副島外務卿は一件書類を提出し、必要ならば追加するとし、近日海外に出張する際には上野に代理させることを付言した。

三月三十一日、同公使は日本政府にマリア・ルス号処置を不法として、損害賠償を要求したが、六月十四日、日本政府はこれを拒否した。

副島外務卿は清国出張から帰国後の八月八日、ペルー国使節ガルシアと会談した（上野列席、花房筆記）。条約締結に関して論議し、十八日にも副島とガルシアが討議し、明治六年八月二十日にペルー国との和親貿易航海仮条約一〇ヵ条を調印した（批准交換は八年五月十七日）。

ロシア皇帝に仲裁裁判を依頼

明治六年六月十九日マリア・ルス号事件を締盟国君主に裁判を依頼することについて、日本とペルー国との間に約定が成立した。ついで六月二十五日に、同号事件について、ロシア皇帝に裁決を依頼するという日本・ペルー間の合意が成立した。いずれも副島外務卿の清国出張中のことである（三月十三日出発、七月二十六日帰国）。

本件を他国の仲裁に委せることは、デロング米公使が副島外務卿に勧めたという。事件の発端からすれば、英米どちらかの国に頼むのが順当かと考えられるが、副島はあえてロシアに委託する道を選んだ　明治初期以来、ロシアとは樺太境界問題が懸案として継続していた。花房義質によれば、こういう際に「有理なことを持って行けば、枝葉の曲折は問はずして大体に於てこちらに有理といふ判決を下すことは予め察するに足るといふことが根底にあった」とされる。花房は副島を「随分思い切ってやる方」「大分離れた仕方をする人であった」と評する。

副島の思い切り

清国出張の時も、明治六年七月一日、副島大使は北京の日本公使館の事務代理を、他国でなく、ロシアの清国駐在公使に依頼している。

ロシア公使館を開設

さてロシアに仲裁裁判を依頼するにしても、日本・ペルー両国ともロシアに公使を駐在させていなかった。ロシア公使館設置論は前からあったが決まらずにいたのが、今度は速やかに開設が決定し、全権公使には門地名望ある人が選ばれることになった。そこで、公家出身で前外務卿の沢宣嘉《のぶよし》が、二月七日に初代特命全権公使としてロシアに派遣されることになった。

沢宣嘉公使の急死

花房義質

花房義質は横浜でのマリア・ルス号事件裁判に関係しており、事情に通じている者ということで、外務大丞より一等低い一等書記官として公使に随行を命ぜられた。ところが沢公使は面《めん》疔《ちょう》が出て病気であったが、出発を急がされ、暇乞いの参内をしたのが障ってか、明治六年九月二十七日に忽然と亡くなった。後任の公使が決まるのを待たず、明治七年三月、日本政府は花房義質を臨時代理公使として露都サンクト・ペテルブルクに送り、公使館を開設した（七年一月十八日榎本武揚《たけあき》公使任命、六月十日着任）。

花房義質代理公使

花房代理公使は首相兼外相ゴルチャコフに面会し同国皇帝裁断のことを懇請した。四月五日、日本・ペルー両国公使は証拠書類を皇帝に捧呈したが、ペルー国公使は四八万余ドルを日本に要求しようとした。六月には特命全権公使榎本武揚が露都に着任し事に当り、花房が補佐した。日本では外務省の顧問米人スミスが関係書類を作成したのであった（「花房子爵経歴談（子爵花房君事略）」）。

日本の正当性を採決

皇帝アレキサンドル二世は露国法律博士ならびに調査委員らの覆奏に拠り、深思熟慮の末、明治八年（一八七五）五月二十九日（露暦五月十七日）、マリア・ルス号事件に関して、日本の措置を正当とする裁断が下された（『明治天皇紀』三）。

副島への勝訴の報せ

榎本公使が皇帝の裁断書を接受したのは約二週間後の六月十三日であった。同公使は寺島宗則外務卿宛に「今十四日電報到来、全く我日本政府之勝利たる趣」と裁決を報じた。外務少丞の平井希昌はこれを前外務卿の副島に至急知らせようと、「スミツ氏と同件参上」したが、不在中だったので一筆書き残した。これも「六月十四日午後三字　スミツ氏依頼に寄　記之」とあり、本件で尽力した顧問米人スミスが副島と喜びをわかち合おうとして訪ねたのに会えず、残念なことであった（副島種臣関係文書）。

明治八年五月十七日からロシア外相代理ジョミニ男爵（Jomini）が主宰して本件を審理し、五月二十九日の判決となったのである。

ロシア国皇帝・高官の叙勲

明治八年十月十日、寺島外務卿は三条実美太政大臣にロシア皇帝仲裁関係の同国官吏への賞牌下賜に関して上申し、贈与の手続きを取り調べの上、翌九年五月三十一日に再上申した。

明治十年四月二十七日、露国皇帝アレクサンドル二世への大勲菊花大綬章贈進を外務省に達し、露国駐在全権公使榎本武揚に逓送させた。同国がトルコ国と交戦中のため、贈呈が遷延したが、十一年に入り一月十九日榎本公使は冬宮に至り、皇帝に勲章を奉呈した。これは外国帝王への勲章贈進の最初という。

また往年マリア・ルス号事件、千島樺太交換などに関して尽力した露国政府の諸官ゴルチャコフ、ジョミニ、スツレモーホフ、エンゲルハルト、ウランガリーにそれぞれ勲一等旭日大綬章が贈られた（『明治天皇紀』四、一六七ページ）。

英人ホーンビーの関与

ホーンビー（Sir Edmund Hornby 一八二五～九六）は英国最高裁判所の判事（一八五六～七六年在任）で、一八六五年（慶応元）に極東における領事裁判所を改革するため清国に派遣されたが、在勤中の一八七二年（明治五）にたまたま日本を訪問した折、マリア・ルス号事件が発生し、中国に勤務する英国の上海《シャンハイ》最高裁判所判事として、事件に対する意見を求められ、副島外務卿に種々の法的な助言と建策を行うようになった。

このことは一般に知られていなかったが、丸山幹治は『日本及日本人』連載の「副島蒼海先生」(25)（昭和四年）で明らかにしたし、のち著書『副島種臣伯』（昭和十一年）には次のようにある。

ジヤパン・アドヴァタイザー紙はサー・エドマンド・ホーンビーの伝記から、マリヤルズ事件に関する新発見の事実を紹介した。ホーンビーは一八九六年に日本で死去しているが、その手記によれば最初マリヤルズ船の不法を嗅ぎつけて、英国代理公使に話し日本に忠告させたのは彼である。「オールド副島」に国際法上の自信を持たせ、万事顧問としてやったのも彼である。日本政府は彼をよく使った。廟議にさへ列せしめた。すべての外部に発する文書は彼の手に成った。すべての審理に関する準備は彼が整へたのだ。

副島の徳

もっとも続けて「それは何処まで信じてよいか証人もないからわからないが、満更うそともいへない」として、副島外務卿は多くの外国人顧問を、忠実に日本政府のために働かせる特殊の手腕を備えていた。「手腕といふより徳といふべきであらう」と述べる。

ホーンビーの回想

ホーンビーは日本でなく、イタリアのラパッロで一八九六年に死去した。自叙伝は一九二九年（昭和四）にロンドンで発行されている（An Autobiography, London Constable Co.）。ホーンビーはマリア・ルス号事件についての最後の部分で次のように述べる（松村正義訳）。

日本の閣僚を除いて、誰一人、私がその事件に演じ役割を知っているように見えなかったし、また彼らも私を完全に自由に行動させた。私は、すべての電報を書き、すべての命令を与え、裁判所に提出する調査書を指図し、そして仲裁裁判を見守ったのである。日本政府は、謝意の表示を惜しまなかった。老いた副島も大きな栄光を手にしたし、また英国政府も、私の処置をすべて承認した。

日本の外交記録に残るホーンビー

日本の外交記録を収録した『大日本外交文書』では第五巻［二三二］文書「壬申八月三日第四時過於外務省、副島外務卿英国代理公使アージー、ワトソン応接記ノ内」の末尾に「ホオンヒー氏此一件ニ付、御相談可致旨申居候」と二行あるのが唯一、名前が見える個所に過ぎない（松村正義「マリア・ルス号事件の広報外交的性格」『帝京国際文化』九号、一九九六年参照）。

ところでホーンビー研究は森田朋子『開国と治外法権―領事裁判制度の運用とマリア・ルス号事件―』（吉川弘文館、二〇〇五年）が進展させ、英国外交文書（FO）を渉猟して事件との関わりが解明された。

ホーンビーの事件に関する報告

第二の裁判中、明治五年八月二十日（九月二十二日）ワトソンから日本当局による裁判について意見を求められたホーンビーは同日長文の回答をワトソンに送った（FO、森田著書）。

（一）日本政府が意図的にマリア・ルス号に干渉したわけではない。船長の側から日本政府が介入する状況を作ったのであり、裁判を開くに至った日本政府の行動は妥当なもの。

(二) 日本は国際法体制に参加している独立主権国である。条約未締結国の臣民に対し日本は領事らとの共同裁判権しか持たないという領事らの解釈は条約未締結国と訪問者に対する日本の主権を排除することであり、条約諸国の臣民よりも特権を付与することになる

(三) ポルトガル領事の行動は、マカオからの苦力貿易を促進・幇助するポルトガル政府と同様に、船長の行為を正当化しようとしたものだった。

(四) 船長が契約の当事者ではないため、裁判をする権利がなく、また、たとえ当事者であっても、このような契約を強制執行させなかった日本の行動は是認される。

イギリス政府の承認

ホーンビーは助言として、マカオでなく清国へ向けて、直ちに苦力たちを船に載せて戻すことを主張し、「同時に船長には身の危険を厭わないならば、広東で訴訟を起こす手段が残されていることを伝えてはどうかと提案」した(森田著書二一五ページ)。

この報告はワトソンの手を経て英国外務省、さらに司法省に送られ、同省はホーンビーの見解に同意し、マリア・ルス号事件での日本の行動および在日英国外交団の行動は

「正式にしかも法的にイギリス本国の認めるところ」となった（森田著書同ページ）。

ホーンビーの狙い

イギリスは事件当初から全般にわたり関与を行っていたが、「事件の指導者と目される上海高等法院判事長ホーンビーの狙いは、マカオ貿易の撲滅、つまりポルトガル・ペルーへの制裁にあった」とされる（森田著書三二六ページ）。

英文冊子の作成

明治五年八月二十五日、マリア・ルス号事件に関する日本の裁判が終わるとすぐ（おそらく八月中に）、副島外務卿は裁判記録を英文で作成するよう神奈川県に指示した。作成された英文冊子「英文印行公告書」（Case of The Peruvian Barque Maria Luz with Appendix）は［ペルー帆船マリアルス号事件］と題し、発行は Published by The Authority of The Foreign Department Tokyo Japan（日本国東京外務省監修出版）、印刷所・発行年は Printed at The Ni-shu-sha Book Printing Office. Yokohama-Japan 1872 とある（『大日本外交文書』五、［二五七］附記、五二五〜五四一ページに収載）。

各国への広報

この冊子を副島外務卿は九月二日にまず各国公使に「分付」した。それぞれ本国政府に「転達」させるためである（「日本外交年表竝主要文書　上」奥義制）。横浜駐在の各国領事へはもとより、外国人を招待した記念行事、例えば新橋・横浜間鉄道開通式（明治五年九月十二日）、東京・京都間電信線落成式（十月六日）などの機会にも配布している（外交史料館記録。前掲松村正義論文)。

もとより海外にある岩倉使節団にも、外国関係筋に送呈するよう、まとめて送付したが不足ならば申し出るようにと、広く行き渡るよう期している。八月五日、副島外務卿はワトソンに書簡を送り、マリア・ルス号一件を概略編輯し、公告のため「上海貴国惣裁判所長官ホロンヒ氏」(ホーンビー)への送呈取り次ぎを依頼し一〇部届けている(森田前掲書)。

E・H・ハウス

なお米人大学南校教師、新聞人ハウス(E. H. House)は日本政府の処置を支持し、The Peruvian Barque Maria Luzを公にした。明治七年台湾出兵では大隈の勧めで従軍記者となり、遠征記を著している。一九〇一年没(東京都北区大龍寺に墓)。

外国人居留地規則の改正

前記のように、明治五年七月十一日八ヵ国の領事が事件に関して各国との協議を神奈川県令に要請した時の理由は、一八六七年一二月(慶応三年一一月)の会議決定すなわち横浜外国人居留地取締規則の第四条に違反するということであった。次のような条文である。

横浜居留地又は神奈川港内居住する支那人或は条約未済の外国人取締向並に刑法は、神奈川奉行より右取締役存寄を尋ね、且外国コンシュルへも相談の上可取計事

（『大日本外交文書』三、六二二ページ）

コンシュルとは領事であり、取締役は神奈川奉行が任用した外国人居留地取締役であり、英国人ドーメン（M. Dohmen）、のち米国人ベンソン（E. S. Benson）であった。交替は前任者の任期満了（慶応四年五月〈一八六八年六月〉）による。

明治五年八月十日、副島外務卿より各国公使宛、司法省の管下に横浜裁判所を設置するにつき、会議書第四条の改正を求めた。会議書をアレンジメント（取極）に過ぎないとしていた副島がコンヴェンション（約書）と認め、遵守する以上、米国公使も各国に改正を説得する意向と判明した。そこで六年一月二十七日、副島外務卿は米国公使デロングに、この第四条の修正を求めた。二月七日、同公使は副島へ各国公使が改正に同意したと伝えた。

居留地自治の解消

こうして、以後、横浜での無条約国人の裁判に、外国人居留地取締役と外国領事の関与を必要としなくなった。なおその後、横浜における居留地取締役の職務は有名無実に帰し、明治十年一月、神奈川県の上申により解任に決し、ベンソンは同年六月三十日に円満解任され、業務は神奈川県に引き継がれ、居留地自治は解消した（大山梓『日本外交史研究』良書普及会、昭和五十五年）。

第四　清国訪問

一　天津換約

清国との国交

明治政府は清国との正式国交を希望し、明治三年（一八七〇）、柳原前光《やなぎわらさきみつ》・花房義質《はなぶさよしもと》を委員とし予備交渉のため清国上海に派遣した。九月、天津《テンシン》で成林（署理三口通商大臣）と交渉に入り、和親条約草案を提示した（三口とは天津・牛荘《ニューチャン》・芝罘《チーフー》三港）。清国側には「大信不約」と称して条約を結ぶ意向がなかった。柳原が曾国藩（両江総督）・李鴻章（直隷総督）とも会見して説得した結果、李は総理衙門（清国の外務省）に対して、欧米諸国に条約を許して隣邦日本に拒む理はないと提言したので、清国側も他日の条約交渉を柳原に応諾した。

条約交渉

柳原の帰国報告を得て、明治政府は明治四年四月、大蔵卿の伊達宗城《だてむねなり》を欽差全権大臣として、清国に差遣した。副使に柳原、同津田真道《まみち》外務権大丞（幕府蘭国留学生で国際法を学んだ）らが同行している。四年六月天津で、伊達全権は清国全権李鴻章と会見、全権委任状を交換した。談判は日本側が柳原・津田・鄭永寧に対して、清国側は応宝時（署理江蘇布政使按察使）・陳欽（署理天津海関道）が当った。

日清修好条規の締結

日本側は前年柳原が提示した条約案でなく、アロー戦争後の清国が英、仏、独の列国と結んだ不平等条約を参酌した条約原案を提示したが、清国側はこれを退け、対案として清米条約を基礎とし、最恵国待遇、内地通商の条項を削除した条約案を提示した。結局清国原案に基づき審議し、明治四年七月二十九日、天津の山西会館において、日清両国全権は「大日本国大清国修好条規」「通商章程」「海関税規」に調印した。

日清条約の内容と問題点

日清条約は、（一）相互対等であり、（二）両国が双務的に領事裁判権を認め、（三）日本は最恵国待遇を得ず、（四）清国内地での通商権も得られなかった。談判で清国側は強硬で譲らず、日本の主張は通らなかった。伊達全権は列国と同様の権利を獲得するという使命を果たせず、多大の不満を残した。

とくに第二条は「他国より不公及び軽藐《けいびょう》する事有る時、其知らせを為さば、何れも互に相助け或は中に入り程克《よ》く取扱ひ友誼を敦くすべし」と、日清攻守同盟の条項ともとれる条文であり、西洋各国から真意を質され、政府は同条の削除を考えたのである。

また開港場での刀剣類の携帯を禁じたが、日本国内における廃刀令以前のことである。

このような条約を独断で結んだとして伊達宗城全権・柳原前光副使は帰朝を命ぜられた。伊達は北京に入ったが、幼帝の謁見はなく、九月十九日に帰国し、二十日復命、陳弁した。

条約批准を保留

すでに外務卿岩倉具視は全権大使として欧米派遣を命ぜられており、政府は後任の外務卿副島種臣に嘱するに、欧米各国と条約の改定を遂げるまで、清国との締約を延期すべきことをもってし、批准交換は保留された（『明治天皇紀』二）。

双務的とはいえ、清国の領事裁判権を認めたことは、西洋諸国との条約改正における、法権回復の方向とも合わなかった。

条約修正交渉の不調

政府は条約修正のために、翌五年二月、柳原外務大丞兼少弁務使に清国出張を命じた。三月、柳原は外務少記鄭永寧らと天津に着き、四月九日、協弁大学士李鴻章と会見し、副島外務卿・寺島宗則《てらじまむねのり》外務大輔の李宛の書簡などを呈した。

柳原前光

柳原前光（一八五〇～一八九四）は公卿《くぎょう》。戊辰《ぼしん》戦争で東征大総督府参謀、維新後は外務省に出仕する。外務権大丞を勤め、通商予備協議のため渡清し、明治三年（数え二十一）上海・天津で要路者に修交貿易を説き、他日商議との回答を得た。のち伊達宗城・副島・大久保利通《としみち》の渡清交渉に随行する。駐清公使、駐露公使など歴任した。夫人初子は伊達宗城二女。

李　鴻　章

鄭永寧

鄭永寧（一八二九〜一八九七）は呉用蔵の六子。代々長崎唐通事の鄭家を継ぐ。新政府の翻訳方となり、明治二年、召命上京一等訳官、三年、文書権正となり、条約予備交渉の柳原に随行渡清する。四年、伊達全権に随行、五年、外務少記、柳原大丞に随行、六年、副島全権大使に随行と、四度渡清する。清国公使館一等書記官、七年、大久保全権の北京談判に通訳としてつく。十二年、外務権大書記官となり、十四年には辞官する。司法省で「大清会典」訓点（十九年まで同省御用掛）。十八年、伊藤博文《ひろぶみ》全権大使の天津交渉に通訳につく（以後外交から退く）。

李鴻章の論法

李鴻章は柳原・鄭の両人に対して、「貴国換約を停止して原議を改めんと欲するは殊に信義を失へり」と難詰した。結んだばかりの条約を改めたいというので、李が拒むのも当然といえる。西洋各国との条約改正の結果、この日清条約に不便を生じたなら、その時「続約」すなわち追加条約について議すればよい、という論法であった。

この頃、柳原は京房の日報を閲し、琉球船が台湾に漂到し五四人が生蕃に掠殺され、清国の役所で生存者数名を救い留め、福州の琉球館に交付し、本国へ送還した由を、福建総督より具奏した書を得て、外務省に送っている。

天津談判

明治五年五月二十六日、李の副島宛返簡を得て、柳原らは六月五日に天津を出帆し、九日に上海に着いた。鄭永寧を上海に留め命を待たせ、十六日に長崎へ帰着する。同日、副島外務卿に天津談判成否の要略を報告した。結びに「今般の義は大難事前光弱冠不材得て成弁すべきに非ず、然れ共艱渋を破て漸《ようや》く帰着を得候」と実感を込めていう（『大日本外交文書』五［一二四］）。

柳原前光の復命書

七月九日、柳原少弁務使は天津談判の「復命概略」を副島外務卿に提出した。文中に李の態度を「憤怒赫として解く可らず」としている（『大日本外交文書』五［一二五］）。

条約批准を提起

七月十三日、副島外務卿は日清修好条規の件について、正院に、（一）第二条はそのままとする、（二）欧州歴訪中の使臣の修約復命後、清国へ「本約互換の大臣を派し」、併せて続款を訂立する。（三）右決定の上、上海に留めている鄭外務少記に柳原から伝え、清国官員に報告させる、と条約本書の批准交換を提起し、二十三日決裁された。

副島大使の渡清

こうして十一月に副島の清国差遣の勅語《ちよくご》となるが、渡航は翌六年三月のことである。

明治五年十一月十九日副島に勅語　外務大臣　副島種臣

爾《なんじ》種臣外務ヲ総理スルノ全権ヲ以テ清国ニ適《ゆ》キ条約ヲ互換セヨ……今清帝婚儀已《すで》ニ諧《ととの》ヒ且政ヲ親セントスト聞ク朕《ちん》当サニ書ヲ送リ賀ヲ伸フヘシ……

同日に清国差遣の国書が下された（「奉勅　外務大臣副島種臣」）。

十一月二十日、柳原大丞は上海《シャンハイ》の品川忠道領事への依頼書信に、副島を「外務卿」でなく、「欽命総理外務大臣」と称呼することを付言している。

国書には「特ニ外務大臣副島種臣ヲ貴国ニ遣シ……朕固《もと》ヨリ種臣ノ喉舌《こうぜつ》ト為スニ堪エタルヲ知リテ専ラ各国ノ事務ヲ総理セシメ」とある。「喉舌」とは天子の言を下の者に伝え、下の者の言を天子に伝える官である（出典は『詩経』大雅）。

副島の上書

この際の勅書には、条約互換と清帝婚儀親政の慶賀を命じているが、副島の上書では次のようである（「六年適清概略」内閣文庫。句読点、濁点を付した）。

副島疏《そ》ヲ上ッテ曰、外人ノ台湾ヲ覬覦《きゆ》スル者ヲシテ、敢《あえ》テ我ガ王事ヲ妨《さまた》ゲシメズ、清人ヲシテ生蕃ノ地ヲ甘譲セシメ土地ヲ開キ民心ヲ得ンコト、臣ニ非《あらず》ンバ恐ク成ス所無ラン、請《こ》フ親ラ清ニ適《ゆ》キ換約ヲ藉《か》リ以テ北京ニ立入リ各国公使ヲ説倒シテ其媚疾ヲ絶チ、清ノ政府ト謁帝ヲ論ズルニ因《より》テ告ルニ伐蕃ヲ以テシ其経界ヲ正シテ半島ヲ開拓セン。

この上疏は制可された。文中、（一）条約互換、（二）謁帝とともに、（三）蕃地討伐と開拓を挙げ、「臣に非ずんば、恐らく成すところ無からん」と自負している。半島とは台湾島の半分あるいは一部を指すのであろう。

副島大使一行の任命

使節は副島を大使とし、以下のような随行者であった。

明治六年二月二十八日　使節・随行者

特命全権大使　外務卿　副島種臣
一等書記官　外務大丞　柳原前光
二等書記官　外務少丞　平井希昌《ゆきまさ》
二等書記官　外務少丞　鄭　永寧
三等書記官　外務六等出仕　林　有造
（以下二名略）

（『大日本外交文書』六［七四］）

これより先に次の通り任命された。

前清国厦門総領事　李　仙得《（リゼンドル）》　准外務省二等官
陸軍少将　井田　譲　清国福州総領事
工部省　九等出仕　高尾恭治　総領事附二等書記生

大阪府四等訳官　呉　碩　上海領事在勤一等書記生

右四名一同大使随行

清国留学生　成富忠蔵・福島礼助・黒岡勇之助・水野淳造

右四名へ清国視察申付、大使彼地到着の上は、視察御用向都て指揮

海軍少丞高屋長祥を御用有之、清国へ差遣

二月二十七日、柳原・林ら、三月七日、井田・呉・高屋はともに米国郵船で上海へ向け先発した。

外務卿代理に上野景範

明治六年三月七日、副島全権の正院への上申により、清国出張不在中、外務少輔上野景範《かげのり》を外務卿代理とすることになった。七月二十六日、外務卿帰朝まで四ヵ月と二十日ほどの間、当時外務大輔は寺島大弁務使の任命渡英後は空位であった。

副島の派遣については、強硬な対外政策を抱持するので、適任者でないとし、憂慮する者があったという（『明治天皇紀』三）。

副島大使らに賜謁

三月九日、清国への発程の当日、副島大使および随行の平井・鄭書記官は参朝し賢《かしこ》所《どころ》など参拝後、小御所代で賜謁した。大使への上諭は台湾島の問題を専らとするものであった。一行の勅奏任官には真影などが下賜された。

三月十二日、横浜に至り、龍驤艦に乗り組み、筑波艦とともに祝砲に送られ出港した。使節が軍艦で威を張って海外に出るのも、明治海軍の軍艦渡航も初めてであった。士官より水火夫まで両艦合計六百余人、艦隊指揮は伊東祐麿《すけまろ》海軍少将、龍驤艦長は福島敬典《よしのり》海軍中佐、筑波艦長は伊藤雋吉《としよし》海軍中佐。龍驤には海兵士官補・海軍少尉曽根俊虎、測量士補・同鮫島員規《さめじまかずのり》も乗り組んでいた。

龍驤

龍驤（初代）は一八七〇年（明治三）英国製、木製鉄帯、二五三〇トン、八〇〇馬力、備砲六四ポンド一門ほか。

筑波

筑波（初代）は一八五四年（安政《あんせい》元）英国製。木造機関付帆走コルヴェット。九八〇トン、五二〇馬力。備砲八門。明治四年購入。

鹿児島に上陸

三月十八日、佐田岬の南を航し風浪激しいなか大使は一詩を賦した。十九日、副島は鹿児島に上陸し、参議西郷隆盛《さいごうたかもり》が来訪会見した。二十日、島津久光の招きに応じた。島津は大いに喜び市街に朗吟した（「適清概略」）。

上海に到着

三月三十一日、上海港に至り、副島は虹口の客店に着館した。そこに兵備道沈秉成、同知府陳福勲、そのほかロシア国親王とその随員、各国の公使、領事、軍艦上官、術師、医者など次々と挨拶を受け、副島は書記官を遣わして答礼した。

四月一日九時半、上海であらためて上陸の式を行う。

二日、副島大使は平井を従えアレクセイ露国親王を宿館に訪問、北京在留露国全権公使ウランガリーらに会った。三日、アレクセイ親王の長崎行送別に、外国官吏、商人らが招かれた。親王は宴席を設け、副島大使と対席し火技を観た。この夜、柳原と鄭は郵船に乗り一足先に天津に赴く。

天津に到着

四月八日、副島は平井・林らを率いて筑波艦に坐乗し天津に向け上海を進発した。龍驤は月半ばの大潮でないと出港できないためである。

十九日、筑波艦は大沽に至る。二十日、同港から天津米国郵船会社旗昌行の河道汽船に移り、天津に遡航し、午後四時紫竹公館に着き、露台の頂に日本国旗を掲げた。二十一日、鄭永寧を遣わし、李鴻章に副島大使の到着を報じた。二十四日、副島大使と李との会見が行われた。大使はリゼンドル・柳原・鄭・林を率い、天津兵備道寿昌らが列座した。李は盛んに日本の開化を称し、前年の清民救済を謝した。大使は山東に漂流した薩摩《さつま》人の護送を謝した。ほかの話も終わると酒餞となる。翌二十五日、李が五名を率い答訪した。

条約互換

四月三十日、批准書交換の日である。午前十時、副島大使、リゼンドル、平井、鄭、林（柳原は疾あり）は大礼服を着用し、山西会館で李鴻章らと会同し、条約を互換した。李は「皇帝之宝」を押印し、副島は太政官印を押捺した。儀が終わると酒宴を催す。大使がこの場所は何の衙門（役所）かと問うと、李は衙門ではなく、山西の巨商たちが建てた会館であり、多人数列席の場合はつねに当所を借りている、と答えた。こうして日清修好条規の批准は済んだ。四年七月調印から一年九ヵ月はど経過している。

李鴻章とアジア情勢を論ず

五月一日、副島大使は李総督を訪問し、西洋列国に対してアジアに並立する日清両国の態度について論じた。「中国ヲ以テ自ラ画《かぎ》リ夷狄《いてき》ヲ外ニ人ルハ堯舜ノ道ニ非ス」と中華思想を難じ、また目下日清両国は他国の政令を容れることに、条約をもって甘んじているが、実に自主の権を墜すものである。「両国先ツ其人民ヲ住地ノ管轄ニ帰セシメン事ヲ望」むものとし、まず「請フ隗ヨリ始メヨ」との語で結んだ（「使清日記」）。

李鴻章は同意を表した。また北京の総理衙門で外使担当の孫士達を、事あらば必ずよく力を致すこの人を用いるようにと助言した。話が済むとまた酒饌を列ねての歓待である。

北京へ向け出発

五月二日、大使は鄭を従え微行して陳欽を津海関道に訪ねた。この日、李から礼物を贈られた。五日、大使一行は天津の宿舎紫竹林を発し、途中二泊、七日北京《ペキン》に到着した。

二　北京謁帝

北京外国公使団と謁帝問題

副島大使の入京前、北京駐在の外国公使たちは、皇帝謁見問題で清国政府と折衝を重ねていた。そもそも外国使臣の謁見は『大清会典』にも載せるように、古来の慣例として、外夷入朝は跪拝《きはい》によるとされていた。それは三跪九叩頭《こうとう》（三たびひざまづき、九たび頭を地につける拝礼）の敬礼であった。一七九二年、中国に派遣された英国使節マカートニーは貢使扱いであった。熱河離宮での乾隆帝謁見には特例で叩頭せずに英国式に準じたが、要求は通さなかった。一八一七年　英国使節アマーストは北京で仁宗帝の謁見に跪拝の強要に服せず、即日退京とされ通商に関する使命を果たせなかった。

天津条約

一八五八年（文宗咸豊八年）、アロー戦争で英仏連合軍の武力を背景に、英国全権エルギンとの間に結んだ天津条約第三条で、初めて清廷は三跪九叩頭を行わない謁帝を認めた。一八六〇年、英仏連合軍は北京に入り、英・仏・露・米の各国が北京公使館を開設し、六一年には外交機関として総理各国事務衙門（総理衙門、総署）が北京に設置された。

同年、天津条約の批准後、全権公使ブルースは恭親王（皇弟）に対して、清帝の謁見を要求したが、文宗皇帝は熱河に蒙塵（天子が避難）し北京に還らず、六一年に没した。次の穆宗は六歳の幼帝で、謁見は成年親政まで待つことになった。

同治帝に謁見要請

一八七三年二月、穆宗同治帝親政公告の時、北京で待っていたのは露国全権公使ウランガリーをはじめ、独国レーフュース、米国ロウ、英国ウェード、仏国ジョフロアの五名の全権公使であり、早速連名で恭親王に対して、親政を祝し、謁見を要望した。

清国側はあくまで謁見に公使の跪拝を要求し、外交団は欧州諸国の宮廷礼式では元首に三鞠躬を行うが、中国皇帝には特に敬意を表し、五鞠躬《きつきゆう》によるとの妥協案を提示した。恭親王は「百鞠躬は一跪に斉《ひと》しからず」と称して当座は応じない（田保橋潔「清同治朝列国公使の覲見」『青丘学叢』六）。

副島大使の入京

副島大使一行が入京したのは、このように謁帝礼式について、外交団と清国総理衙門とがもめている最中で、さらに大使の主張が絡まることになる。以下、「副島大使適清概略」と「使清日記」（『大日本外交文書』六、分載）によって、経過をたどることにする。

総理衙門

明治六年五月七日午後五時、大使一行は北京着、大使の館舎に当てられた賢良寺に入る。ここは皇帝行幸時の休憩所とのことであった。五月九日、孫士達が礼服で来て、総理衙門各大臣の命を伝える。孫は副島に対して、前日李鴻章が書を総理各大臣と孫に致し、「閣下ノ才識高明ナルニ感服セシ由ヲ申来レリ」と巧言を呈す。

五月十四日、大使は柳原と鄭を総理衙門に遣わし、国書の抄を出し、大使謁帝の期日を請わせた。橋輿門に至ると孫士達が出迎え、客庁に導く。総理衙門大臣らの出席は次の通りであった。

総理衙門大臣（出席）		（出席以外の大臣）	
軍機大臣体仁閣大学士	文　祥	軍　機　大　臣	恭親王
戸　部　尚　書	董　恂	吏　部　尚　書	宝　均
吏　部　尚　書	毛昶熙	工　部　尚　書	崇　綸
軍機大臣兵部尚書	沈桂芬	兵部左侍郎	崇　厚
理藩院右侍郎	成　林	太常寺少卿	夏家鎬

謁帝日程決定を申し入れ

柳原は国書（明治五年壬申十一月十九日　奉勅　外務大臣　副島種臣）の副本を展《の》べ、諸大臣に大使の使命を告げ、謁帝と国書捧呈の日取り決定を望んだ。文祥は、恭親王が病気中なので、平癒次第奏請し報ずる、と答えて別れた。

総理衙門大臣らの所論

同日、大使は孫士達を寓居に招き、総理衙門大臣らの所論を探問した（「使清日記」では十五日柳原・鄭に孫を訪い探問させた）。孫の話では、各国公使は本年正月以来、謁見を請うているが、遷延ほとんど百日余に及び今も決しない。ようやく一両日前に約書を作り、以後践行（履行）のため連署「鈐印《けんいん》」した。まだ奏請批准を経ていない、という。

約書の大意はこうであった。西洋の公使は謁見に決して跪拝せず、ただ鞠躬するのみであるが、中国皇帝には五鞠躬をもって敬礼を昭らかにするという。諸大臣の説は、先の恭親王の言葉にあったように、中国は跪拝を礼とし、たとえ百鞠躬するも跪拝に替え難いとする。そこで跪拝と鞠躬の両説を奏聞し、同治帝の判断に遵い定める、というものであった。また「五国公使同日同見」説も出ていることなど、総理衙門大臣らの議論の内容を漏らし、副島大臣も各国公使と儀註により同日謁見されることと存ずと言った。

第一等の国使と主張

柳原は、大使は本国公務多端のなか遣わされ、速かに使事を了しての帰国を希望する。ことに貴国皇上の大婚親政の慶賀に、君主に代って来た第一等の国使であり、各国の駐京公使と同日に論じ得ない、と主張した。孫はわが国ではこれまで外国使臣の等級を分けることなく国書のある使節をすべて欽差と唱え、同様に優待すると応酬した。

各国北京駐在公使との往来

五月十七日、副島大使は平井を従え、微行して露国全権公使ウランガリーおよび米国全権公使フランシス・エフ・ロウを、日本外務大臣の名刺を用いて訪問した。十八日、露国公使が属員七名と大使の旅館に答礼に来た（米国公使は脚痛のため十九日に答礼）。

五月十九日、大使は平井を従え、微行して英国全権公使ウェードを、また独国代理公使ホルベシおよびスペイン公使を訪ったが、いずれも会えず名刺を投じて去っている。

謁帝案決定の事情

同日、仏国公使ジョフロアーには会えた。大使は仏国公使に尋ねた。公使らが総理衙門大臣と議定した謁帝案に五鞠躬をなし誠敬を昭らかにするとあるが、何国の礼によって定めたのか、と。仏国公使は、同僚のうち唯一清国の文字言語に通ずるウェード公使が恭親王と謁帝の礼を議した時、跪拝を行わせたく欲しているので、万国通例の三鞠躬に二鞠躬を加え、清人の喜ぶ五副の数字にしたとの説だが、公使たちに不服の者が過半であったと、述べた。ウランガリー公使は謁帝を議して以来すでに久しく、今決しなければ恐らく時期を失するので一時の権宜に従うべしとし、皆が聴従したという。大使は一時の権宜に従うのはよいが、公使らが調印約定した上は将来の規則となろう。平交の国（平等の国）に行き、自国の礼制に照らして行うことができなければ、これはわが権利を枉《ま》げるものである、と論じた。

総理衙門大臣との談判

五月二十五日午後一時、副島大使は柳原・鄭を従え総理衙門に至る。文祥・沈桂芬・成林・夏家鎬ら大臣が出迎えた。大使は天津での厚待と京師における優渥な接遇を謝した。文祥は李鴻章が総理衙門への書で盛んに副島の「英敏文亮」を称すると讃《は》め、前年のマリア・ルス号清国難民救護と交収の使節（陳福勲）の格外優待に感戴した。

謁見案は先例となるのか

　本題の謁見の件に入り、大使が謁見奏請について問うと、彼（大臣）は恭親王病気の故まだ奏請せずと答える。恭親王奕訢は同治帝の叔父で、総理各国事務衙門の首班である。清国側はこの頃各公使と議決調印した謁見案により将来の典例としたいので、大使謁見をまだ奏請しないという。副島は「異《い》なるかな」外使の謁見に必ず議決調印するとは、「一国には一国の礼あり、自ら廃すべからず、彼は彼の礼をもって来り、我は我が礼をもって接す、何の議することかこれ有らん」と言い、わが国では先に接使の礼節を制定し来使を待つ、故に国使今日京に到り明日謁を得るも、かつて異議を容れず、とした。

扇子に書いた所見

　手にした扇子を開き、自らの所見として書いたのは、人に五倫あり、諸国の遺使接使は朋友の交わりであり、覲見における立礼跪礼は遣使者の権に由る。互いに礼数を争うは朋友の道にあらず、との大意で、文末に「種臣」と署名した。

副島に対する問い

　彼は大使の年齢を問うた。副島大使曰く「虚度四十六歳」（「虚度」は何もせず歳月を過ごす）。彼問う、貴国政府で外交を専司する大臣は幾人ぐらいか。大使曰く「専任唯種臣

雄弁に語る副島

中華思想に対する見立て

に在り以て万国に対す」と。諸大臣は顔を見合わせて言う、我が総署合わせて十人、年齢五十より八十に至ると。文祥曰く「聞く貴国の閣堂大臣は年齢概ね四十余より二十余に下る」と。大使曰く「老臣無きに非ず、但し今日当路に在て時務に達せず、古法を膠執する者尚を多し、故に我政府は一年に一度づつ官員を掃除す、是を以て此《かく》の若《ごと》し」と。諸大臣は「笑って黙」した。

大使はさらに弁舌をふるう。中国奥地の形勢を安南・満州などと欧州勢力の進展に触れ、かつてはトルコが三大州にまたがり強大を称しながらその俗頑固にして、ついに欧人に伏されたが、貴国は西洋の事情を明らかにせず、彼の欺侮を喫すること少なからず、貴国を視ることトルコ・エジプトの属とするのみである。

私は外務に任じて以来、外交上、各国公法内政などの書を読み事を処すが、情理を尽くすには貴国の『経史』のように「明白快通」なものはない。漢籍を読むこと一万五千巻余、これを本にして外務に施し、外事治まり外人従う。昔日に比すれば大いに「改観」あり、そこで外人は余を目して「日本を文明にする機器」と言ったと、大臣たちを煙に巻くのであった。

ついで中国の中華思想に関して、「夷の中華に於る、常に恥じて勉む、故に強く而して能く興る、中華の夷に於る、自ら矜て怠る、故に弱く而して必ず亡ぶ」とし、また「夷も亦人国なり、君子を以て待てば則ち君子と為り、蛮夷を以て待てば則ち蛮夷と為る」、今、天下の列国皆倫常あり、新たな堯舜禹湯文武の道があると。大臣らは皆顔色を変じた。

同文館刊行の「万国公法」

貴政府は既に各国と交通していながら、西洋の事情（洋理）を講究せずとする説は予を詒《あざむ》くものか。列座の董大人（董恂）が序文を寄せている『万国公法』は総理衙門に付設の同文館において翻訳刊刻されたものである。欽使各等の品級や歓待の制など明白であるのに、公使の等級を知らずと言えようか。

現在北京駐在の各国公使は皆二等以下であり、本大臣は頭等の資格で来た。昔、春秋の時代、列国互いに使者を遣わし、会盟・聘問により両君の好みを通じた。もし等級がなければ何をもって上大夫、中大夫を区別できようか。

重ねて謁帝を要請

大使は重ねて謁帝に事を運ぶよう促したが、彼は王爺と議定して回答すると言うばかりであった。酒茶をくみかわし帰寓したが、同日夕に文祥以下九名より数盒（蓋物）の食物が贈られた。

恭親王との会談

五月二十六日、孫士達が来て、恭親王が今日総理衙門に上る、昨日は大使の光来に失礼したが午後二時来駕を請う、という。大使は承諾し微服して総署に至る。恭親王が出迎え、庁内で諸大臣皆陪席し、まず酒饌すこぶる豊かに、恭親王みずから箸を挙げ菜を勧めた。酒数巡の後、大使がまた謁見の談を開く。恭親王はこの事は文祥より詳悉を得ており、「来日当さに公文を具して回答すべし」と言った。

恭親王は前記のように皇帝の叔父で、素より事務に疎く、外国交際を総裁するといっても名あって実なく、かつ生来口吃り細話することもできないので、この話も恐らく文祥らが教えて言わせたのであろう（「使清日記」）。もっとも林董《ただす》によれば、総理衙門との交渉において、恭親王に面陳するに及べば即答承諾されることが多く、「眼大に声朗らかで威風堂々、態度挙止に敬服す」と言う（『後は昔の記』一三七〜一三八ページ）。

四時に帰館し、六時にはウランガリー露国公使の招宴にリゼンドル・平井を連れて出席した。英仏蘭独の諸公使館員らが集い、それぞれ大使の手をとりアンバサドルと称した（十二時散会）。

副島の人物品評

副島の書いた人物品評によれば、李鴻章を「清国政府第一等人」とするほか、露公使は機略、米公使は忠実、英公使は書生の風であり、総理衙門の恭親王は翩々《へんぺん》たる貴公子、董恂は博学・機愔《きいん》、沈桂芬は果敢・内渋、また孫士達は明果、惜しむらくは官卑しく権軽し……。まだあるが割愛する（「使清日記」五月二十六日）。

五月二十七日、ウェード英公使を訪った。同公使は漢語に通じ、大使が昨晩作った品評文の清国官員の所を扇面に書いて示すと、手を拍ち定評と称し、扇子を所望した。その夜は同公使の招宴で、諸公使ほかの来会も昨夜の露館と同様であった

総署大臣らの来館

五月二十八日、総署の大臣らが日本公使館に来訪、大使は謁帝を催促の上、酒果を列ね談話した。交際の事理、国権の得失を論じ、数時におよんだ。

恭親王の来館

六月一日、恭親王が二四名の大臣と公使館に来て公文をもたらし、大使の謁見論に答えたが、日本国は中国と同文の国であるので、中国の礼節に照らし行うか否かを問題とし、依然として中国拝跪の礼にこだわっていた。大使は一覧して、「失敬の詞を持ち来り本大臣（副島大使）を難ずる」と怒り、曰く、「本大臣は我皇上（天皇）に代って貴国皇帝を聘問」する者であり、貴王大臣と同様な跪拝はできない、国使に中国の礼を行わせようとするとは、何と愚かなことかと反論した。恭親王は愕然として弁解し、回文を得れば評議奏聞すると答えた。王大臣らが席に安んぜず匆々に別れ去ると、大使は鄭に回文の起草を命じた。

副島の回文

六月二日、総署への回文で大使は、両国は五倫における朋友の間柄であり、君臣の関

係に属さないとし、あえて跪拝せず、三揖するに止めるのみと答えた。

六月三日、総署は再び公文を大使に寄せ、三揖は西洋の礼にも、中国の礼にも合わず、西洋各国（公使ら）は三鞠躬を改め、五鞠躬の礼とするとの合議を見ると主張したが、大使は翌日の公文で、西洋諸国との遣使接使でも三揖を通例としていると反論した。五日、孫士達が来て曰く、「彼此抗論いたずらに激するを憂」え、諸大臣を諫めた。これまでの議論を取り消し、別の良い結果を得たいと。副島は承知した。

謁見の新照会案

六月七日、文祥らが来て、六月一日以降往復の彼此の公文を互いに返還し、携えてきた新照会案を差し出した。各国公使と同日同見とはいえ、日本使節は頭等欽差なので時刻を変えて特別に接見するという。よって大使は了承した。

六月十二日、平井を率いてウランガリー露公使を訪い、樺太の事を談じた（「使清日記」は「枢密故ニ紀載《ママ》セス」とする）。

観見の諭旨

六月十四日、孫が来て、覲見を准《ゆる》す諭旨が降ったことを報じた。十五日、総署大臣より公文で諭旨を抄録し、二十三日に来署のよう知らせて来た。

謁見の班次

六月十六日、孫が来て、総署の内評を洩らした。諸大臣の説には、覲見は各国公使を頭班とし、日本使節を次班とするという。大使は総署が班次を顚倒するのを遺憾とした。

孫は外国公使のうち大使に頭班を譲るのを肯んじない者がいるためと聞く、とも言う。
六月十七日、前日の約により、鄭を伴い総署を訪ね、文祥らに会う。謁帝の際の服装・佩剣、国書の接受などやりとりするが、肝心の覲見の班次について、総署大臣は第一班五国公使一同接見、第二班副島大使単独謁見と譲らない。

謁見謝断を決断

六月十九日、大使は随員たちを呼び集め、使命任務の進退を協議し、書を総署に送り、謁見を「謝断」し、即日帰国復命することに決定した。

謝断の申し入れ

六月二十日、大使は柳原・鄭を総署に遣わし、応接した戸部・礼部・刑部の郎中らに、謁帝の儀を「謝断」することを伝えた。中国は未だ接使の礼を備えておらず、己を枉げて謁見し、君命を辱めるよりは、一応帰国復命し、他日接見の礼が整うのを待ち、再び来訪し善隣の好意を面奏したいとするのが大使の意向であった。
六月二十一日、大使は柳原・鄭を総署に遣わし、台湾事件などに関係して問答させた。その内容については別項で述べる（一二八ページ）。

孫士達の奔走

六月二十二日、大使は随員に行李を束装させ、二十三日、随員の樺山資紀《かばやますけのり》・児玉利国・成富忠蔵（清風）を先発させた。孫士達が来て、明日文祥が訪れ覲見の事宜を改議したいとの意向を伝えた。大使はすでに帰装を促しており、留まらずと答える。孫は李鴻章が大使と総署の交渉を逐一孫から承知し、大使のために封事上疏も再三に及ぶ。文祥大臣の請いを許し、李鴻章の志を遂げさせてほしいと説き、大使の承諾を得た。李は孫を江南から呼び、大使に陪随し、総理衙門に行走させたが、孫も付託に応え斡旋に努めたのである。

単独謁見実現に向かう

六月二十四日、文祥らが来て、閣下の頭等を認め、各国公使には日本大使の独覲（単独謁見）、退出の後、各国同班で覲見せよと達した、と明日にでも接見に向けて事を運ぶため、儀註案を懐中から出して、大使の可否を請うた。皇帝謁見の班次について副島大使の主張は貫徹されたのである。翌二十五日、鄭を総署に遣わし、昨日見せられた儀註により覲見すると答えさせた。

六月二十七日、総理衙門恭親王よりの照会は、上諭を奉じ本月初五日（六月二十九日）紫光閣にて各国使臣を接見するとの通告であった。二十八日に大使は総署への照覆において、以後、露国公使ウランガリーを日本使務代理とし、上海に井田譲総領事、品川忠道領事を、香港に林董副領事を駐在させることを報じた。

同治帝に謁見

明治六年六月二十九日、紆余曲折を経ていよいよ謁帝の日を迎えた。副島大使は午前四時、大礼服を着し、鄭永寧を率い轎《かご》に乗り、孫士達が随い、総署差し回しの両騎が前導し、六時に西安門内の天元閣に至り少憩した。時に総署大臣成林が騎従二十余と来て、大使の前後を擁護する。福華門外に至って轎を降り、大使と鄭の二人のみ門を入る。門内には文祥・沈桂芬・董恂らが出迎え、成林が導き時応宮で休憩することになり、席上におよそ数十品もの茶菓が満載されていた。五国の公使および訳官二名は福華門外で明代所建の天主堂に集まり揃っており、文祥らが入って来て茶菓を進め、皇上より賜わると言うと皆席を正しくして嘗めるのであった。

単独謁見の次第

七時に宝均・毛永熙が大使を導き、紫光閣の傍らに設けた幄の内に至り控え、各公使も続いた。九時、穆宗は紫光閣に出御し、宝毛二大臣は大使と鄭を引き、閣の左階から昇り、左門より進む。鄭は国書を捧げ大使の一歩後に従う。両人はじめ進み、斜めに御座を見る時に帽を除き第一揖《ゆう》をし、中央に進み正しく御座に向かって第二揖をし、また進んで、御前に据えた黄案（黄色の緞子の袱《ふく》で覆った机）の前中央に立ち止まり第三揖をする。

鄭は大使左肩の脇一歩後に開き、宝毛二大臣は黄案の両側に開き北面して立つ。黄案より数歩北の正面に壇を張り高座を設け、その上に帝が坐した。座の左右に恭親王および皇族の御前大臣侍立し、軍機大臣、六部尚書、文武の顕官が壇下より黄案までの両傍らに分かれて向かい合った。

大使は黄案の上に国書を安置して一揖し、来意を陳頌して鄭に訳述させ、また揖した。穆宗帝の勅語は恭親王が跪《ひざまづ》いて奉《たてまつ》り階より降りて黄案前に来て、これを伝宣した。

大使はまた一揖し、背行して退き、中央の尽きる所で一揖し、転じてなお背行し、御座を離れようとする所に至り一揖した。これを退出の三揖となす。ここで帽を戴き宝毛二大臣が導き時応宮に至り休息した。以上が副島大使の第一班単独謁見である。

五国公使一同の謁見

第二班はロシア・アメリカ・イギリス・フランス・オランダ五国公使一同の謁見であり駐京以来保持してきた国書を今回捧呈する。各自に訳官を帯同できないので、ドイツ公使館の翻訳官ビスマルク一名が通訳をつとめた。五鞠躬の礼で謁見が終わると、四国公使は去り、フランス公使のみ留まり、第三班として単独謁見した。

帝命による総署祝宴

大使は各国公使とともに総署大臣に挨拶し辞去、大臣らが福華門まで見送った。帰館は十一時となった。正午からは帝命により総署で祝宴が張られ、文祥が座を司り、孫が陪する。大使は鄭を連れ通常服で出席。これは炎熱時でもあり、文祥の配慮による。各国公使は不参加であった。炎天を理由に辞退したが、実は宮殿で催さなかったのを嫌ったことによると聞く。露公使は中国事情に通ずというウェード英公使の、この宴おそらくは蒙古属藩を待つの礼にならうと推察した言に聴従したことを悔やんだというが、あとで副島は敬を失ったものとして論難した。

日本大使のみ欣然として食事を戴いたので、王・大臣らは、日本大使に礼あるのに比べ、欧米の使臣らは人の君父を辱める者であると評したという（「経歴偶談」）。

最後で最大の宴

盛宴の餞六〇種という。訪清以来、談判には宴会がつきものであったが、これが清国が張った最後で最大の宴であった。歓を尽くして別れるが、文祥は御馳走を日本公使館に届けたので、館員・随員たちに頒けられたのである。なお、同夜露国公使館では送別の宴が催され、各国公使以下が集い、副島大使の成功によって、各使もまた余恵にあずかったと称したのであった。

米国公使の讃辞

とくにロウ米国公使は副島を「彼は皇帝の才幹を持つ人物で、その接触する総べての人より尊敬と信頼とを博した」と、国務長官フィッシユへの報告（一八七三年七月十四日）でも絶賛している（英修道『明治外交史』至文堂、一九六〇年）。

各国公使の五鞠躬

各国公使の謁見では、はじめ進んで黄案前までに三鞠躬をなし、国書を呈し、頌詞を陳《の》べ終って一鞠躬し、勅語を承て一鞠躬し、そこで退く。これを五鞠躬の誠敬となした。

穆宗同治帝が日本大使の礼数進退を見て、「体度最佳し」と言った由を、のち一大臣がひそかに洩らしたという（「使清日記」、『大日本外交文書』六、一八六ページ）。

皇帝謁見の式場は総理衙門の提議により紫光閣が充てられた。紫禁城内でなく城外にあり、皇帝が朝鮮国臣や蒙古の君長を引見する宮殿であった。総理衙門は「跪礼」で外交団に譲った所を、謁見場所では取り返したともいえよう（田保橋潔「清国同治朝列国公使の覲見」）。

謁見式場となった紫光閣

副島は他の宮殿を選ばなかったことを、十数年後におよんで、咎めるような新聞も見えるが、明治六年ごろでは、中々そこまで調べることはできなかった。「宮殿と云へば宮殿なりと思ふて居った」と弁明している（「経歴偶談」）。

告別の往来

七月一日、大使と各国公使との間に告別の往来があった。二日、総署の委員が清帝の答儀一二品（書籍、端硯、湖筆、古銅器ほか）、王諸大臣、孫士達らの贈物をもたらした。三日には総署の三大臣が帝の復書を持参し、大使は大礼服を着して迎え接受した。

書物送呈の約束

宝大臣らは大使の行を送る。大使は名刺十枚を孫に託し、王・大臣に回謝・告辞の意を表した。孫曰く、董大人は貴国版行の「群書治要」を買いたく、閣下の弁送を煩すと。大使曰く、「出国の時、公事多々、好書を持ち来る暇あらず、王・大臣へ贈る書籍が無いのを愧る」と。帰国の上は『大日本史』ならびに董大人の必要とする書物を送呈すると約した。

丁韙良の見送り

時に丁韙良が大使に別れを告げに来る。米人教師マーチン（Martin）のことで、ホイートン（恵頓）『万国公法』の漢訳者であり、先の文祥との対談でも副島はその『万国公法』（同文館刊行）に言及している。わが国にも輸入され、日本人が多く学んだ書であり、副島もよく読んでいた。マーチンは大使に会い、ちかごろ漢訳した『格物入門』『化学初階』など数部携え来たのを贈呈した。大使は『日本外史』を呈して酬いた。三日にマーチンが見送りに来ると、平井・鄭をマーチンのもとに遣わし謝意を表し、後便で日本書籍を送呈することを約束する。マーチンは同文館に備えて永く宝とすると答えた（『大日本外交文書』六、一九一ページ下）。

清帝謁見の参考書

副島が参照したと見られる「清帝謁見ニ関スル参考書マルテイン氏交際法訳文」（副島種臣関係文書）は関係部分の抄訳（和訳）であるが、「アムバリドルは、あらゆる遣外使臣之上席なり」とされている。自国出立時には祝砲十五発、帰国時に接使国より一五発（二等公使は一一発）とする。ブランチリ氏の公法も引用されている。「遣使国の体面と、アムバサドル自身の職とを恥かしむるに非ざれば、接使国より与えんとする礼典に随」うこと、また謁見を得るまでの間に、同僚各国公使、恭親王および総理衙門の大臣ら、相当と思う人と幾度でも内々に往来談話してよい、と述べている。

北京を出発

三日午後三時、大使随員一行は北京を出発、通州に下り舟に夜泊し、詩を賦した。四日朝七時、大使鄭を従え先発し北運河を下る。同夜雨のため停泊する。五日は終日舟行、六日天津に上陸、柳原・李ら随員ら全員が公館に集まった。

天津で李鴻章を再訪

七月六日、大使は鄭を率い海関道陳欽を訪問し、使事の達成を告げ、李鴻章への即日挨拶を希望した。陳は李中堂が近頃実弟を喪ったことに言及し、午後の来報を約した。陳は北京謁帝の始末を聴き、大使風塵の労を慰め、酒肴を列ねた。午後二時、紫竹林の公館に陳が来て、李が明日十時大使の来駕を待つとの返報を伝えた。公館では酒果を列ね陳を饗し、閑話した。この日より、各国軍艦士官、領事らが陸続と来て大使の成功を賀した。

七月七日、大使は柳原・鄭を従え、十時に天津城に至り李鴻章に会った。讌門一路に儀杖親兵を配列し、陳欽・丁寿昌が儀門に出迎え導く。李は官服を着し院の門口に立ち、大使を接し庁上に進め入れ対座、陳・丁が陪座した。大使が北京での経緯を談ずると、李は自ら総理衙門の「薄待」を謝し、外国人に五鞠躬をもって欺れたと悔やんだ。

その後、李は大使を別室に招き入れ「讌饗」(酒宴)した。この席で李は曾国藩と開国の志を共にした洋務運動の十年を回顧して、さらに今春招商輸船局を開き、自ら局長となりすでに七、八艘が各港に散在することなどを語り、石炭の需要に助力を請うた。なお、今後外交事宜を変革するには、規画を日本に取るべきであると言い、日本とペルー国との議約に関しても教示を望んだ。別れに際して李は大使と手を握り涙ぐんだのであった。

清国側の歓送

七月八日、大使は別れにのぞみ李と手書および品物を贈答し、また謝帖を留めて、総署王大臣、孫らへ託送した。午後一時陳欽が来て、陳は汽艦鎮海号に乗り、先に白河を下り、大使の船を沽門に待ち、李に代って送別の情を尽くすという。午後十時、大使随員一行は米国郵船四川号に乗って泊した。

李鴻章らとの別れ

七月九日、早暁国旗を前檣に掲げ、紫竹林を発し十一時人沽に至る。東西の砲営を望み、檣上に各七二旗、岸頭に各二八旗を掲げ、各銃兵五〇〇を整列させた。陳欽が乗った鎮海号は河道に停泊し、我が船が近寄ると日章旗を中檣に掲げ、砲十九発した。大使は皆を率い、船首に立ち脱帽し礼する。陳は我が船に来て、李の名刺を呈し、瓜菓子を餞す。大使は陳と酒を酌み、李に謝辞を致し、陳と別れた。船は即時発航、東西双営の間を過ぎると、鼓吹奏、一斉に銃を発し、大砲も数門を放ち、船が大沽を離れても隊を解かず見送った（副島は砲二一発で応じた）。

長崎港に投錨

船は直隷海に出た。これより先、竜驤・筑波両艦が芝罘《チーフー》に待機し、十日に大使らを迎え、祝砲十九を発す。大使らは竜驤艦に、林有造らは筑波艦には移乗した。竜驤に米国セパルト領事が送別に来訪し、英国領事も代理が大使の一行を送る。柳原・李仙得《リゼンドル》らは一行と別れ、郵船で上海に去った。十一日に発航し、十三日は濃霧を突いて航行、十四日に両艦は長崎港に投錨した。十五日、長崎砲台は祝砲十九を発す。大使は上陸し随員と万歳町松島屋某客店に入った。

副島大使の帰着

七月十九日、大使らは乗艦し、午前三時過ぎ長崎を出艦、二十一日七時に兵庫港に投錨した。林有造が筑波から上陸し、宿館を尋ね求め、遅れて大使らも上陸し、一泊した。二十二日、大使は柳原・平井とともに神戸市街と外国人居留地を観た。

二十三日朝六時、竜驤・筑波の両艦は兵庫を出港、二十五日夜に横浜に着港した。二十六日朝、外務省から大原重実らが竜驤に来て大使らを迎接し、春日艦、神奈川砲台および英国兵艦より祝砲各一九発を放った。副島大使は平井・鄭・林らを率いて上陸した後、外務省の横浜出張所に寄り、十時発の汽車で進京、新橋駅に上野景範外務少輔らが迎え、馬車で邸宅に入った。

二十七日午後、大使は柳原らを率い太政官代《だいじょうかん》に至る。大使は三条実美《さねとみ》太政大臣と参議らに、柳原以下三名は土方久元《ひじかたひさもと》大内史に帰着を報告した。午後三時、副島大使は柳原外務大丞以下随員四名を従えて赤坂皇居に参内し、もたらした清国皇帝の復書を捧呈した。謁見で労を慰され、八景間で酒餞を賜わる。

八月五日、デロング米国全権公使は祝宴を横浜の公館に張り、列国公使が集まり副島大使を招き、成功帰国を慶賀した。反対したパークス英国公使もデロングに説諭され参加したという（煙山専太郎『征韓論実相』一九四ページ）。

書籍の送呈

八月十七日、副島は書を北京の王大臣に送り、無事帰国を報じ、歓待を謝すとともに、約束の通り、書籍を贈呈した。『大日本史』十部、『資治通鑑《しじつかん》』九部、『群書治要』一部、別に『大日本史』一部を北京同文館総教師マーチンに贈った。これら四箱の総理衙門への取り次ぎをウランガリー露国全権公使に依頼した。また同日天津の李鴻章に『資治通鑑』、『甘雨亭叢書』、『令義解《りょうのぎげ》』各一部を、陳欽に『資治通鑑』一部を送呈した。

のちに北京トンウェン学校（同文館）マーチンは副島外務卿宛の復書に、「拙者儀清国の為めに竭《つく》すは、深く将来を期す所あるに由る」「復た日本の為めにも良友たらん事を欲す」と述べ、「民ありて国立つ可し」と説いている（『大日本外交文書』六）。

第五　周辺諸国との国交談判

一　琉球・台湾問題

琉球藩王の冊封

薩摩《さつま》治下の琉球《りゅうきゅう》王国は、一三七二年に明太祖の招諭も受け通交関係に入り、国王冊封は清朝に続き、近くは明治三年（一八七〇）に進貢使を清国に派遣し、同五年も隔年進貢の年に当っていた。

明治五年五月、留守政府の大蔵大輔井上馨《かおる》は日清間に両属的地位にある琉球に対して、維新に際し内地同様の制度を及ぼすことを建議した。ついで外務卿副島種臣は琉球尚泰《しょうたい》王を藩王に封じ、華族《かぞく》に列し、その外交を遏《とど》めることを要請した。なお陸軍大輔山県有朋《やまがたありとも》も八月に琉球施策とそれに伴う清国との交渉について建議して、大蔵・外務・陸軍と、三省首脳の琉球建策が出揃った。左院は両属継続策を答議したが、結局、藩属策が採られる。

維新慶賀使の上京

琉球にはすでに明治五年一月に鹿児島県から県官二名（奈良原幸五郎・伊地知壮之丞）が派遣され本土の変革を告げた。同年六月に県官福崎季連が、さらに七月十一日に同県権典事右松祐永《みぎまつすけなが》らが派琉され、同県参事大山綱良の書を中山《ちゅうざん》王尚泰に呈し、入朝を促した。そこで王政一新祝賀の正副使任命となり、尚泰賀表の草案を右松が修訂し、七月二十五日に維新慶賀使一行は那覇を出港、八月二十日に鹿児島を抜錨し、上京の途に就いた。

副島と使者との懇談

九月三日に琉球使者一行が東京に着くと、九日に副島外務卿は便服して、使臣らを訪い、懇談数刻に及んだ（「尚泰侯実録」）。この時かどうか、使臣らは副島に五島所轄の復旧を請うたという。奄美五島は慶長《けいちょう》十四年（一六〇五）の進攻以来、薩摩の直領に編入されていた、維新変革に際して旧領の復活を期したのである。しかし協議によって答えることを約束したまま、要領を得ずに終わってしまう。

琉球藩を設置

尚　泰

九月十四日には、正使伊江王子、副使宜野湾親方、賛議官らが参内し、朝覲《ちょうきん》拝賀の礼を修め、詔《みことのり》により、尚泰を封じて琉球藩王となし、華族に列した。こうして全国では廃藩置県が行われた翌年に琉球藩が置かれたのである（明治十二年に沖縄県となる）。

藩属体制徹底を建議

九月十五日、副島外務卿は琉球藩の藩属体制徹底について、次のように正院に建議した（『琉球処分』第一冊）。

（一）辺陲の要地琉球へ外務省官員を在勤させる。
（二）同藩の租税民政など風俗視察として大蔵省官吏を差遣する。
（三）琉球藩王は一等官とする。
（四）華族に列した尚泰を厚遇し、東京府下に邸宅を下賜する。
（五）藩王へ冠装束、入朝の使臣三名に直垂《ひたたれ》など下賜する。

これらは（二）を除きただちに実行され、（五）は宮内省より送り越された。九月二十七日には外務省六等出仕伊地知貞馨《さだか》が琉球在勤となる。

九月二十八日、琉球藩と外国との交際事務は外務省に移管された。琉球使節が帰国の途についたのは十月二日で、伊地知が使節一行の帰国と同行渡琉し、那覇に着任したのは、翌六年三月三日であった。後述する副島渡清の十日前になる。

アメリカと琉球との条約

琉球国は幕末の安政《あんせい》年間、アメリカ（一八五四年）・フランス（一八五五年）・オランダ（一八五九年）の各国と条約を結んでいた。

先に、日本政府が西洋各国に琉球藩属施策について知らせると、早速、明治五年九月十八日に米国公使デロングから副島外務卿に対し、米国・琉球国条約の維持に関して質問してきた。日本政府は琉米条約を引き継ぐとの回答を与えた。

翌六年三月、外務省は琉球藩に対して、西洋各国と結んだ条約の正文を提出するよう命ずるが、琉球当局がようやく条約本書を提出したのは七年五月であった。

与那原親方の嘆願

副島外務卿の明治六年三月以降、清国出張中は、外務少輔上野景範《かげのり》が琉球官吏の上京嘆願に対応していたが、七月二十六日に副島が帰国すると、早速八月十一日に与那原親方が私宅を訪ねて来た。同親方は東京詰めの年頭使者として五月に上京し藩邸に入っていた。親方は副島に日清両属のやむなき由来を陳述した。琉球は小国であり、国体制度の上に変革などあっては上下民心の動揺を招くので、従来の情態を維持したいという。これに対して副島外務卿は外国との和約・交戦などのほか、国内の政治はすべて藩王に一任し、国体制度などは従来の通りであるべし、と言明した（「尚泰侯実録」）。

副島発言を明文化

この一言はのち琉球に派遣された松田道之を束縛する。琉球官吏らは後証のため一札を望んだので、九月二十日に花房義質《はなぶさよしもと》外務大丞・伊地知貞馨外務六等出仕連名、伊江王子宛に次のような副島外務卿より承知という覚書を交付した。四項のうち第一項の原文は、

一、藩王閣下、昨年特命ヲ以テ、冊封ヲ賜リ、永久之藩屛《はんぺい》ト被仰出候ニ付テハ、朝廷へ抗衡或ハ残暴之所業アリテ、庶民離散スル等ノ事アルニ非サルヨリハ廃藩之御処置ハ固ヨリ有之間敷候……（二・三・四項ほか条約の継承などの項は略す）

右之件々外務卿副島種臣殿ヨリ致承知候為御心得此段申進候也

明治六年九月二十日

というものであった（『尚泰侯実録』）。

台湾牡丹社蕃害事件

それより以前の明治四年十月、宮古・八重山の貢納船各二艘が那覇から帰島の途、台風に遭い、そのうち宮古島船一艘は、十一月六日に台湾南部東岸八瑶湾に漂着した。島民の上陸に際して三人が溺死し、六十六人が人家を求め道を失い、牡丹社蕃地に入り、五四人が原住民に殺害された。生存者一二人は楊友旺に救われ、四十余日滞留後、車城に出て楓港・枋寮・車港・凰山を経て府城に至り、福州の琉球館に護送され、明治五年六月七日那覇に生還した。

事件の報告

七月十四日、在琉の伊地知貞馨（鹿児島県官）は事件の顚末を鹿児島県参事大山綱良に報告した（県令は空位）。大山参事は伊地知に上京報告させ、また七月二十八日に上表、問罪出兵を建言し、軍艦を借りて自ら蕃地に出征することを願った。

他方、遭難事件は清国天津《テンシン》の柳原前光《やなぎわらさきみつ》少弁務使から副島外務卿宛に報知された。明治五年四月十三日（一八七二年五月十九日）発信で李鴻章との会見報告に、同治十一年四月五日（清暦）の京報を同封しているが、接到月日は不明である。内容は「琉球人清国領地台湾に於て殺害に逢ひ候事に付、閩浙総督より清政府へ伺書、京報（京報は清国の太政官日誌の類）にて一見候ゆへ、自然鹿児島県心得に相成候も難計」として送っている。

台湾への関心・意図

副島種臣の台湾への関心について、「日清交際史提要」（中島雄稿）は「独逸宰相オットー、ビスマーク氏の長目飛耳は、兼てより東洋に一領土を攫取せんと企望旁別して台湾に注意するを怠たらざる模様あり、と伝聞せし、我政事家の中に就ても副島外務卿は別して之を等閑に付せざる」と述べる（『日本外交文書』明治年間追補第一冊、一四〇ページ）。『副島大使適清概略』の附言には、「副島の清に適《ゆ》く、換約は名なり、謁帝も亦名なり、惟（唯）伐蕃を策《す》るが故に此行あり」とある。主眼は征台にあったのである。

デロング米公使の台湾論

明治五年九月二十二日、外務省で副島外務卿はデロング米公使に対して、オランダ領有以前の「往古台湾を我国にて有し候節は右を挙げて高砂島と申し候」と述べ、「右は尤も我にても所望の地に有之候、貴方の御見込みは如何」と問うた。公使は米国では「我友睦の国々にて他国の地を所有し広殖する義は好む所」と答えている。台湾は気候も良く膏腴《こうゆ》の地で、米・砂糖・芋などを産し、鉱山が数ヵ所あって、港も宜しく、外国人中にも着目する者もあり、「支那にて管轄といへども其命令も行はれされは、則浮きものにて取るものの所有物と相成可申候」と言う。このデロング公使の台湾論の背後には、米国人リゼンドルの体験があった（『大日本外交文書』七〔四〕附一）。

米国人リゼンドル

明治五年九月二十四日、横浜出張所で副島外務卿はリゼンドルに会った。前日に同人のことを副島に話したデロング公使、ライス書記官、スミス（斯密）らが同席した。

リゼンドル（ルジャンドル）はアモイ在留領事で、米国商船が難破し台湾に漂着した乗組員を台湾原住民が殺害したので、米艦三隻で問罪の師を派遣した時、ゼネラルとして清国兵を率い、原住民の首長に談判して、今後西洋人渡来に際して暴挙におよぶことのないよう確約させた人物であることは紹介されていた（アモイ在任は一八六六〜七二年）。

リゼンドルの台湾実地報告

当日、リゼンドルは自己の台湾における実地の経験を語った。蕃地に一八社があり、中でもトキトク（篤其卓）という首長はよく事理の分かる者であり、掛け合えば荒地で難所の牡丹社への順路も得られる。衆庶に接すれば、穏やかな人種で、常に漁業を専らとし、性は剛勇であり、「感ずる所は約を遵守する事至て正しく候」と称される。砲台建築も話題となった。

九月二十六日、副島は延遼館でリゼンドルと再び問答を交わした。リゼンドルは「ホルモサは弐千人の兵あれば容易に取れ可申候へ共、後を守ることかたし」と述べた。ホルモサとは台湾であり、副島はリゼンドルと意気投合した。

リゼンドルの雇用

十一月十五日、副島外務卿は太政大臣宛に米人リゼンドルの顧問雇入れを、二等官の待遇で月給一〇〇〇円という条件で伺い出た。その結果、二十八日に外務省准二等として出仕することになった（三十日拝謁）。

リゼンドル顧問は副島の要望により、台湾南部の地図を早速作製している。「台湾南部生蕃地図」は、のち外務省より内閣文庫に移管（国立公文書館蔵）。翌六年二月、副島大使の清国派遣の随員に、准外務省二等官の資格で加えられたことは前に見た（九一ページ）。

大隈重信に征台を建言

副島は渡清前の明治六年二月十七日に大隈重信《おおくましげのぶ》参議に対して「台湾半島丈ならは舌上にて受取候義は随分御受合可申、全島ならは兵戈にも可及かも難計」とし、半島（全島の半分）を得れば四、五年間で全島も舌上で手に入れ得る、今度の機会を失うべからず、と説いていた。

リゼンドルは大隈にも献策している。顧問採用以前の明治五年十月十五日、第二覚書などに見られる台湾進攻策がそれである。

暴虎馮河を戒める

この頃、海陸軍の士官らを語らって、朝命を待たずに自ら生蕃を討とうと謀る者があると聞き、副島はこれを憂え勧諭して、「壮心義気」は君上のためであり、もし名を正しくして征するのでないと「寇」にひとしいのみである。「暴虎馮河」するなかれと戒めた。

三慮の排除

副島は慮《おもんぱか》るべきものとして、(一)外国の台湾を睨視すること久しい、(二)清国は台湾のわずかに半偏を治めて全有すと言う、(三)生蕃の野性勝ちを好み死して後を負けとす、の三つを挙げ、「種臣願わくは外務の権によって、この三慮を除き、しかるのち諸君の力を用いこの地を取り我有と成し、永く皇国の南門を鎮めん」と。これを聞いた輩は初めて過激の気を慰めたという(「適清概略」)。この副島の言動は血気に逸る将士たちを宥めるために、台湾策を誇張したものとも見られよう。

副島外務卿は前記(九〇ページ)のように渡清談判を上疏して制可された(月日不明)。十一月には国書が成り、副島種臣特命全権大使の清国派遣となる。

海陸軍人はこれを知り、踊躍して来ると、副島に随って清国に入ることを請うた。副島はこれを許して軍艦で発するとし、その気を養うという。士官らは奮臂(勇気を奮い起こすこと)して去った。龍驤・筑波の両艦派遣については前に触れた三月九日、副島全権大使は随行書記官平井希昌《ゆきまさ》・同鄭永寧と参内謁見し、以下の上諭が下る（『明治天皇紀』三、三八ページ）。

朕《ちん》聞ク台湾島ノ生蕃数次我人民ヲ屠殺スト　若棄テ問ハスンハ後患何ソ極ラン　今爾種臣ヘ委スルニ全権ヲ以テス　爾種臣其往テ之ヲ伸理シ以テ朕カ民ヲ保ンスルノ意ヲ副ヘヨ　欽哉

また、三条太政大臣が委任の要旨を以下のように示した（『明治天皇紀』三、三八ページ）。

（一）清国政府が台湾全島を所属地となし、談判を引き受け処置に任ずるならば、横殺に遭った者の遺族に若干の扶助金を与え、今後暴逆の所業なきを保障せしむ。

（二）清国政府がもし政権の及ばないことで、その所属地とせず、右談判を引受けない時は日本の処置に任すべし。

（三）清国政府が台湾全島を属地となし、事を左右に托し談判を引き受けない時は、清国政府の政権を失せる次第を明弁し、かつ生蕃人無道暴逆の罪を論責し、服せざればこの上の処置は日本に任すべし。

総理衙門に対する柳原前光の発言

五月五日、北京到着後の副島大使の総理衙門との談判については前述の通りである。謁帝問題で紛糾し、六月二十日ついに謁帝を「謝断」し帰国の意向を総署に伝え、随員に帰装を促した。翌二十一日、大使は柳原と鄭を総署に遣わし、台湾生蕃事件などに関して説明を求め、毛永熙・董恂の両大臣と孫士達（記名道）が応接した（「適清概略」）。

柳原曰く、貴国広東省マカオの地はポルトガル国の属領か。

彼曰く、否、久しく、「仮りて帰さざる」（借りて返さざる）もの、彼の有にあらず。

柳原曰く、貴国は台湾の僅かに半偏を治め、東部土蕃の地には施政及ばず、蕃民独立の勢を張る。一昨年同地に漂着した我国人民が殺害され、我政府は蕃地に問罪の役を興そうとしているが、万一貴国の管轄に波及し、端なく猜疑を受け、両国和好を傷うを憂え、予め説明しておく。

彼曰く、本大臣ら只生蕃が琉球国民を掠殺したと聞く。そもそも琉球国は我藩属であり生蕃より脱出した琉球人は、すべて我が官吏が救恤して本国に送り還した。

柳沢曰く、貴国官吏すでに琉民を救恤すと言う、その暴殺を行った生蕃を如何にしたか。

彼曰く、「此島の蕃民に生熟両種あり、従前我王化に服したるを熟蕃と謂ひ、府県を置いて之治む、その未だ服せざるを生蕃と謂ふて、之を化外に置き、甚だ理することを為さざるなり」「生蕃の暴横を制せざるは我政教の及ばざる所なり」

この言明は、日本に征蕃出兵を正当化する根拠を与えることになった点で重要な意味をもったが、口頭の言質にとどまり、文書によるものではなかった。文書を徴することができればそれに越したことはなかったが、そうなると清国側とのやりとりに面倒を生じたであろう。柳原も大使から文書を求めるよう指示はされていなかった。副島も後年「当時私は書簡などは無くても可也。唯日本は清廷の口答だけにて足れり。台湾を討ちさへすれば宜しい」と認めており、「当時清廷に対して私はむづかしく長びく手段は取らなかった」と語っている（「経歴偶談」）。

なお、朝鮮に関しても、「冊封正朔を与ふると雖ども、朝鮮自身の内治並に和戦には清国は関係せず」との仏米両国への回答に変更が無いことの確答を得ている（同書）。

前記の通り、八日後の六月二十九日に皇帝の謁見となり、使事を達成した副島大使は帰国復命した。以後、副島外務卿は征台・征韓を唱えるが、明治六年十月の政変で下野することになる。

台湾出兵

翌明治七年に入り、大久保利通《としみち》（内務卿）・大隈重信（大蔵卿）の両参議に蕃地問題調査を命じて作成した「台湾蕃地処分要略」九ヵ条を二月六日に閣議にかけ、台湾出兵に決した。

ボアソナード

四月四日、西郷《さいごう》従道《つぐみち》《じゅうどう》を陸軍中将・台湾蕃地事務都督、大隈を台湾蕃地事務局長官に任じ台湾遠征は強行され、五月二十二日南部社寮に上陸、六月三日に蕃地牡丹社を攻略した。七月一日には南部十八蕃社すべてが平定された。先に福島九成《くなり》領事は、五月三日にアモイに着任し、閩浙総督宛出兵告知の公文をもたらした。清国側は日本に再度撤兵を求めるが（六月二十二日）、西郷都督は柳原公使の対清交渉を理由に、現地談判に応じない。

柳原公使の上海《シャンハイ》・天津・北京《ペキン》における談判は不調に帰した。七月九日、万一の場合には清国に対して開戦する方針を決定し、陸海軍両卿に口達した。

大久保の北京談判

八月一日、和戦の権を付与して大久保全権弁理大臣の清国派遣となる。軍艦も前年の副島大使と同じ龍驤に搭乗した。台湾蕃地事務局出仕米人リゼンドルは米国政府の中立政策により、八月五日にアモイで官憲に拘束された。北京談判で大久保全権は、前年副島大使が得た言質を持ち出し、随行仏人顧問ボアソナードに負う「万国公法」に基づき、台湾蕃地を無主野蛮の地であると主張した。総理衙門の恭親王・大臣らは、蕃地を「台湾府誌」にも載せる清国の属地として、副島使清の際の一場の説話（口頭の言明）により無主の蛮地となすのは承服しがたく、清国の事を載せていない「万国公法」によって論ずるのでなく、「正理」をもって熟談したい、と反論した（金井之恭『使清弁理始末』明治八年）。

日清談判は決裂に瀕したが、ウェード英国公使の仲裁により十月三十一日に妥結した。清国は日本の台湾出兵を「保民の義挙」と認め、台湾撤兵を条件に償金五〇万両（うち撫恤銀一〇万両）の支払を約した。この交換文書で、清国は遭難琉球人を日本の属民と称した。以後日本は内政施策を進め、明治十二年四月の琉球廃藩、沖縄置県に至る。

二 樺太問題

北方領土「蝦夷地」

新政府発足当時の北方領土は「蝦夷地《えぞち》」と総称し、日露の国境は択捉《エトロフ》・得撫《ウルップ》両島の間、樺太《からふと》島は日露間で「界を分たず、是迄仕来の通たるべし」とされていた（安政《あんせい》元年〈一八五四〉）。日露雑居の樺太現地では不祥事件が絶えず、両国経界の確定が日露間の懸案であった。

蝦夷地開拓の建議

政府部内では早くから蝦夷地対策の急務が唱えられていた。慶応四年（一八六八）二月二十七日、高野保建右近衛権少将・清水谷公考《しみずだにきんなる》侍従がロシア南下の形勢に蝦夷地開拓は緊要であると説き、三月十九日にも再び建議している。この間、三月九日に京都二条城内の太政官《だいじょうかん》代に明治天皇を迎え、三職（総裁・議定・参与）に高野・清水谷の蝦夷開拓建議の可否が諮問され、皆賛成した（四日後の三月十三日に西郷隆盛《さいごうたかもり》・勝海舟《かつかいしゅう》会見、翌日五ヵ条誓文発布）。

清水谷公考と岡本文平

清水谷建言の背後には岡本文平（監輔《けんすけ》）の入説があったという。岡本は徳島藩士の子で、讃岐《さぬき》の藤川三渓《さんけい》（前出、二六ページ参照）の塾でサハリン島の話を聞き、江戸に出て北地探査を志し、単身樺太に渡り敷香に居住、箱館奉行小出秀実に樺太開拓を建議し、慶応元年（一八六五）には独力で樺太島周航を成し遂げた（大熊良一『幕末北方関係史攷』）。

北門の急

岡本は若いころ清水谷家に寄寓しており、慶応三年に山東一郎らと同志を集め北門社を結成し、朝臣にも献策し、翌年には京都で岩倉具視・大久保利通をはじめ広沢真臣《さねおみ》・副島種臣らを訪ね、北門の急を訴えた。徴士《ちょうし》兼内国事務局権判事となり箱館裁判所（のち箱館府）に属し、諸役人、農工民二〇〇人を率い、樺太南部のクシュンコタン（楠渓）に在勤する。

函館府

五稜郭に置かれた箱館府の清水谷知事は、明治元年（一八六八）十月、榎本武揚《えのもとたけあき》の軍が蝦夷地に上陸すると退いて、青森口総督に転じた（のち二年五月榎本軍降伏で箱館に戻る）。

副島の蝦夷地認識

天皇は、明治元年九月二十日に京都を発輦し、十月十三日に江戸城に入り、東京城と改める。この東幸に岩倉も随従するが、副島参与は京都に留守居をする。岩倉は出発前、副島に今後のことを相談し意見を求めた。副島はすぐ出来るということではないがとして、英仏軍隊の横浜駐屯、居留地制度とともに、北海道・樺太の開拓を挙げ、「樺太は雑居になって居るが是非日本の主権の下に置く様にせねばなるまい、とする「手覚書」を岩倉に差出している（『外交実歴談』3、三六八ページ）。

日露間の紛争続発

明治二年の箱館降伏に先立つ二月二十八日、岩倉議定は外交・会計の二件に蝦夷地開拓を加えた三事を建議したが、ロシアの蚕食を防ぐ見地から蝦夷地移住開拓を急務と説くものであった。同年五月、六月と日露間に現地紛争が続いて発生していた。木戸孝允は「副島も已に魯を伐《うつ》の論を立て、此度の事副島黙視仕らざる事と推察仕り候」という（明治二年八月十五日伊藤博文宛書簡、『木戸孝允文書』三、一二九ページ）。

パークス

英国の関心

英国公使パークスは幕府当時から老中に対して、

ロシアのサハリン全島領有の決意に注意を促しており、英国軍艦は一八六八年中に三度も北洋偵察に派遣されていた。明治二年八月一日、パークス公使は寺島宗則《てらじまむねのり》外務大輔に会い、重ねて九日にも沢宣嘉《のぶよし》外務卿、岩倉・大久保・大隈重信《おおくましげのぶ》・鍋島らを前に、サハリンを心配しているうちに蝦夷は奪われてしまうであろう、と樺太放棄策を述べ立てた。

八月十五日、蝦夷地を北海道と改称した。先に開拓使が七月八日に設置されており、北方対策も緒につきはじめた。

日露直接交渉の方針

明治三年八月、パークス公使は岩倉に会い、ロシアとの直接交渉を得策として勧めた。折から上海《シャンハイ》在勤の駐清ロシア代理公使ビュツオフ（E. Butzow）が日本に来ていて、十一月三日に横浜で副島参議・寺島外務大輔と会い、樺太問題の交渉条件などを話し合った結果、日露直接交渉の方針を取ることになり、翌日米国公使に調停を断った（三年一月米国デロング公使に調停を依頼し、ようやく九月になって同公使は本国政府に本件を要請していた）。

露国政府の意向

ビュツオフとの話では談判の場所としてニコライエフスクの名があがっていたが、日本政府はウラジオストクに近いポシエット（北雪兎）を希望し、十一月十九日付で沢外務卿・寺島大輔からロシア外相宛に使節派遣を申し入れた。本国政府へ日本側の意向伝達を依頼された函館領事代理オラロウスキーは、柳原・田辺外務大少丞宛の十二月十三日

（一八七一年二月二日）の返簡で、本国からの返書の到着には四、五ヵ月を要すること、またロシア政府は樺太の境界を定めることには決して同意しないことを伝えてきた。一八六七年（慶応三）小出秀実使節との協約の線を守る方針で、あらかじめ釘をさしてきたのである。

樺太境界談判

日本としては元来ビュツオフの話に乗ったもので、副島・寺島連名で清国駐在のビュツオフにも本国政府への尽力を依頼している（十二月二十七日）。しかし三ヵ月経過してもロシア側から何の報知もないので、明治四年四月九日、宮本小一外務少丞にロシア領事と接触のため函館出張を命じた。こうして見切り発車の形で、五月十三日、参議副島種臣に樺太境界談判のためロシア国「ポシエット湾」差遣、田辺太一以下の随行が命ぜられた。

ポシエットへの副島派遣

明治四年五月二十二日付の副島参議に対する勅書《ちよくしよ》には、樺太について慶応三年（一八六七）ペテルブルクで「仮リニ雑居ノ約ヲ結ヘリ」とある。この年、幕府使節小出秀実の露都談判が不調で、「樺太島仮規則書」という暫定協定により、結局従来通り日露雑居が続いたことをさす。「朕《ちん》窃《ひそか》ニ方今樺太ノ形状ヲ察スルニ言語意脈ノ通セサルヨリ民心疑惑或ハ争隙ヲ生シ、怨讐ヲ醸《かも》シ遂《つい》ニ両国交誼ノ際懇親ノ意ヲ失フニ至ランカ是経界ヲ定ムルノ最急務ニシテ、独《ひと》リ朕ノ深ク憂フルノミナラス魯帝モ亦嘗《かつ》テ大ニ心ヲ労セシ所以ナリ」との趣旨で全権が委任された（『明治天皇紀』二、四六三ページ）。

函館入港

副島使節一行は五月二十四日に品川から軍艦日進で北航した。二十八日、函館に入港すると早速ロシア領事館に問い合わせたが、オラロウスキー領事は日本との交渉について本国政府から何の報知もないと答えるだけであった。そもそも先方からの通知がないのに押しかけた形の使節である。

談判延期の返答

函館到着後一ヵ月になる六月二十九日、同領事は電信による返答を伝えてきた。それによれば、来春ビュツオフが横浜に行き、樺太境界について談判することになっている。ニコライエフスクにも、ポシエットにも、談判に任ずる者はおらず、年内には談判の見込みはない、という。次の日（七月一日）には同内容の書簡を副島にもたらした。使節は談判延期をやむなく了承し、七月六日にポシエットを出発し、指示通り札幌を巡見して、七月二十二日に品川に帰着した。

日本駐在代理公使ビュツオフ

このような状況に、外務省筋からは露国首府への使節派遣が唱えられた。明治四年七月十四日の廃藩置県と同日に外務卿は沢宣嘉から岩倉具視に替わった。八月（日欠）、岩倉以下外務大少輔は正院に「ボツオー渡来の時を袖手待居候事、如何にも無策の様」

（『大日本外交文書』四）とし談判使節の露都派遣を建言したが、この時は実現しない。「ボツオー」ことビュツオフは七月七日に日本駐在代理公使兼総領事に任命されているが、東京着任は翌明治五年四月で、五月十五日にオラロウスキー函館領事を従え参内謁見した。ロシアが日本に公使を駐在させたのは、列国に遅れてこのビュツオフが最初である。参内を誘導したのは、四年十一月に岩倉に代わって外務卿に就任した副島であった。

副島の樺太談判意見

明治四年の樺太談判派遣時の副島の意見は次のようであった（一部を引用する）。

抑も両国人民雑居、定制なき時は竟に争擾の種と相成るべきに付き、永遠親睦を図る時は雑居を引分けざるを得ず、既に雑居を引分る時は南北両《ふた》つに分つべし、もし一孤島分つに足らざるに付き天然の経界を以て定むべしと云ふ時は、我に取るか彼に取るかに決すべし、我に取る時は彼に代りを出さざるを得ず、代りとなるべき者は、金貨か又は格段親睦の条約相立かなるべし。（憲政資料室三条実美文書）

ニコライ師と副島

ところでこのころ、明治五年一月、ニコライ師は函館から東京に出て（二月着）、築地で伝道を始めたが、九月には現在ニコライ堂のある駿河台に移った。この年に置かれたロシア公使館の付属地の形で貸与されるが、これには副島外務卿とロシア公使ビュツォフの尽力があった。同年十月、ロシア皇太子アレクセイ親王の参朝には、副島の要請によりニコライが通訳に当たったという。

親族をニコライ門下に

副島は長男と二人の甥を、ニコライの門に入れロシア学をさせて、ロシアを疎遠にせぬというところを示した、と言っている（「明治初年外交実歴談」『国際法雑誌』五）。これはロシアに接近して樺太を買収するためであったという見方もある（丸山幹治『副島種臣伯』に収める種臣の嗣子道正の談）。

ニコライの方は、天皇を改宗させるために取るべき手立ての一つは、副島をうまく使うこととしていた。一八七一年に初めて出会ったとき、宗教論議になった。あのとき副島は「帝とならば地獄へでも」と言っていたものだ。私は厳しく反論した、と日記に記している（中村健之介監修『宣教師ニコライの全日記』九、教文館、二〇〇七年）。

副島・ビュツオフ自宅談判

明治五年六月、ビュツオフとの樺太問題交渉に当り、副島は「特に自宅談判を開いた」。必ず事を成し遂げるつもりであったためという。ロシア公使は何十度となく副島宅に通って会談を重ねた。このため会談の記録は見当らず、対話筆記も伝わっていない。外務省編『大日本外交文書』第五巻（六、樺太問題に関する件）には、四等出仕田辺太一が明治七年二月に作成した談判概略を収載するに過ぎない。その概略というものも、嘉永《かえい》六年（一八五三）から説き起こし、副島・ビュツオフ談判の内容は概略に留まっているが、それは次の通りである。

副島外務卿とビュッオフ代理公使とは数回の談判あり、露国側は従来の方針を固守し島上分界を肯んじないが、全島買受けの金も有せずとの談に、結局、此方で全島買取るとの論にうつった。ところが公使はそれに答える権限がなく、本国政府に請訓するというので談判は暫時休止となった。

露国の樺太放棄説の内報

五年八月ころ仏国公使館書記官チュレンヌ（ウートレー公使帰国中代理）が本国よりの情報として、露国政府には交誼上また省費上からも、サハリン全島を日本に付与するの論ありと内報してきたのは、仏国駐露公使の報告によるものであった。

日露両国の樺太放棄論

翌六年初めビュッオフは本国の指揮を得て、サハリンを露国では「罪人放竄」のため必要の地なので、日本に付与できないし、売り渡すべきでないと告げた。かつ日本政府にはこれを棄て露国に与える議論が少くない。外務卿のみ所有論に執着しているのではないかと論じた。これは黒田清隆開拓次官の樺太放棄建言を聞き込んだものである。そこで先の仏国情報により、露国でも放棄論があると伝聞すると反論したが、つまるところ双方とも政府より委任を受けた者の言でないと信用できないということであった。

清国差遣による中断

両国の談論が結末に至らないうちに副島は清国差遣となる（六年三月十七日発、七月二十六日帰着)。樺太経界の談判について、留守中代理の選任をビュツオフに相談したが受け入れられなかった。折角両人の間で緒に就いた談判なので、副島帰国まで見合わせると言う。この時、樺太の函泊で日露間の衝突事件か発生した(三月二十六日)。日本政府は本件に関して満足すべき露国側の措置のない限り、樺太境界談判はできないという態度に出た。実地調査に露国公使館員と宮本小一外務大丞が函泊に出張するが、帰京した時副島は下野していた。

ビュツオフの離日

ビュツオフ代理公使は清国公使に転任が決まっていたのに、副島外務卿との樺太談判のために、赴任を延期していたが、副島辞職の翌十一月に日本を去る。

副島の回想

田辺の概略にない事柄を副島の「経歴偶談」で補うと次のようである。

当時ロシアがアラスカを米国に売り渡した(注、一八六七年〈慶応三〉のこと)。日本もその例を用いて、樺太島五十度以北の地域を二万金で露国より買い受けるという政府の議定であった。そこで明治五年露国公使に対して、その旨をもって談判を始めたが、彼は常に千島交換説を主張する。彼我の意見が食い違い時日を費やしても決しない。着任以来、二百余日というビュツオフは副島に妥協案を求めた。副島が答えたのは、得撫、国後《くなしり》、択捉の三島は固《もと》より日本の物として、露国と永久の条約を結ぶ。それは万一日本がアジア大陸に兵を出す時に、露国は日本軍隊の通行を許す、ということであれば、樺太島全部を露国に渡そう、というものであった。露国公使は本国政府に伺うと言うのみてあった。

外務卿を辞任

清国から帰国して八月初頃、板垣退助《たいすけ》参議が副島宅に来て、樺太を放棄すべしという議が政府中に起こったので注意するように内報した。その翌日ビュツオフが来て、「樺太取止めると云ふ説は日本中で閣下一人と云ふ」「露西亜に渡して呉るることは出来ぬか」という「そこで私も殊の外癇癪も起るが、一方には亦征韓論も起りたるが故に、私も激発に堪へずして辞職」した。そして、「樺太取止め」は、放棄せす領有を続けることだろう、と回顧する。

副島の後任外務卿には六年十月寺島宗則外務大輔がなる。三年五月開拓次官になった黒田清隆は現地を視察し、「今日雑居の形勢から観て、僅《わず》かに三年を保ち得るのみ」と言った。六年二月に樺人放棄を重ねて上奏した。露国側が日本政府内に樺太放棄が唱えられていると突いて来る。

明治六年十月政変の翌十一月、露国首都への遣使が決定し、七年二月に次のような派遣順序となった。

（一）露国へ使節派遣（樺太現地事件の解決、つぎ樺太帰属問題の決着）

（二）朝鮮へ使節派遣

樺太千島交換条約締結

こうして榎本武揚全権公使の露都談判となるが、代物を得て樺太を露国に渡す方針がとられ、八年五月にサンクト・ペテルブルクで樺太千島交換条約が結ばれ、日本は樺太島を露国に譲渡し、その代償にクリル群島（ウルップ島に至る十八島）を得る。樺太買収策が実現を見なかったのは、副島にとって終生の痛恨事であった。

なお、榎本公使は副島宛に、ロシア政府は副島外務卿の交際ぶりが良かったので、貴公使も良く遇すると毎度言われると知らせている。

三　日韓関係

日韓関係と副島外務卿

江戸時代を通じて、徳川幕府は対馬《つしま》藩を介して朝鮮との交流を継続していた。維新後、明治元年（一八六八）、対馬藩による明治新政府の成立通告を韓国側は受理せず、翌二年の外務省派遣使節に対しても大政維新の通知書の受理を拒んだ。三年九月、外務権少丞吉岡弘毅らを派遣したが（十一月釜山《プサン》着）、沢宣嘉外務卿の書簡は拒絶された。四年三月に吉岡は釜山草梁倭館で初めて訓導安東峻と会見できた。同年七月、旧対馬藩主宗重正《そうしげまさ》を外務大丞に任じ、八月には韓国に出張させた。十一月の副島外務卿就任時、大院君（国王高宗の父）が執政したが、排外的鎖国主義を固守する韓国との関係打開が懸案であった。

倭館の接収

草梁倭館（和館）は韓国釜山の草梁項にある、日本使節のための客館であった。副島外務卿は、国交交渉のため明治五年一月に森山茂（外務権大録）らを派遣した。森山は和館に入り以後交渉三ヵ月にわたっても決せず、五月に「館倭欄出」の挙に出た。館守と在館邦人五十余人が館を出て遠方の東莱府に至り、府使に会見を迫り、滞留五日に及んだ。

外務省管轄

明治五年五月以降、外務省は韓国との交際事務、草梁館駐在などを所管とし、韓国漂流民の護送を伊万里《いまり》・長崎両県に嘱し、対馬は長崎県の管下に入った。

時に韓土では飢饉が激しく窮状が伝えられた。副島外務卿は太政官の裁可を仰ぎ、花房義質《はなぶさよしもと》外務大丞の渡韓に際し援護策を講じさせるが、韓国の態度は変わらない。

五年八月、副島は花房大丞を派遣して、九月に倭館を外務省に接収した（第一〇五代館司深見六郎）。六年二月には公館と改称、広津弘信（外務七等出仕）を館司（のち館長）に任命し、草梁倭館は二〇〇年の歴史を閉じる（開国後、公館は領事館、館長は領事となる。田代和生

『倭館』文春新書、二〇〇二年）。

対馬厳原に朝鮮語学所を設置

同月、副島外務卿は、元厳原藩の朝鮮語学の復活を上申し、対馬厳原に朝鮮語学所を設けた（教授方に外務省十一等出仕広瀬直行。『大日本外交文書』五〔一五九〕）。

副島は全権大使として清国に派遣され六年三月十三日に出発渡航、七月二十六日に帰国した。この間、上野景範《かげのり》外務少輔が代理を務める（『大日本外交文書』六〔七五〕〔七九〕）。

西郷隆盛（西郷南洲顕彰館所蔵）

対韓政策

いわゆる征韓論が参議らの閣議で問題となったのは六年六月以降で、副島外務卿出張不在中のことであった。前月韓国釜山浦の日本公館門前における侮日的な掲示について、森山茂の報告に接すると、政府は国辱問題として対韓政策を論議した。

遣韓使節論議の決裂

明治六年六月の閣議で、参議板垣退助は居留邦人保護に一大隊の釜山派遣を主張した。これに対して参議西郷隆盛はまず使節を派遣することを提議した。これまでのように外務省の官吏と韓国地方官との応対でなく、わが全権大使が烏帽子直垂《えぼしひたたれ》の礼装で赴くべきであるという。三条実美《さねとみ》太政大臣《だいじょうだいじん》は、大使が兵を率い軍艦に搭乗して行くを可としたが、西郷は断じて不可とする。あり得ないことだが、万一大使が殺害されれば兵を出さ

副島自ら遣韓使節を希望

なくてはならない。西郷は自ら大使の任を切望し、板垣も西郷遣使を支持し、大木・後藤象二郎《しょうじろう》・江藤新平《しんぺい》の各参議も賛同したが、裁定は副島の清国からの帰国を待つことにした。

七月二十六日に帰国した副島外務卿は、清国で宗属関係に朝鮮自主の保証を得たとして、西郷参議の意見に賛成したが、遣韓大使には外務に任ずる副島自らが当たると主張した。清国に使いして君命を辱《はずかし》めず、続けて今度は韓国との談判に臨もうとするのであった。

西郷隆盛の意中

西郷は、副島帰国直後の七月二十九日に板垣へ書簡を送り、「副島君の如き立派の使節は出来申さず候得共、死する位の事は相調い申すべきかと存じ奉《たてまつ》り候」と意中を述べ、遣韓使節の任を望んだ（『西郷隆盛全集』三、三七二ページ）。

西郷派遣を内定

八月十七日、三条邸における閣議で西郷の派遣を内決したが、重大事に属するので、正式決定は岩倉具視大使の帰国を待つことになった。本国政府に促され、すでに大久保利通副使は五月二十六日に、木戸孝允副使は七月二十三日に帰国していた。しかし、大久保は参議ではなく旅に出て、木戸参議は籠居して、ともに八月十七日の閣議には列していない。

大久保利通・副島の参議就任

九月十三日に岩倉大使らが帰国（翌日参内復命）して一ヵ月後に大久保が参議に就任（十月十二日）、均衡上、副島も外務卿兼参議に任命された。

明治六年十月の政変

十月十四日、太政官代での閣議には、三条太政大臣・岩倉右大臣、西郷・板垣・大隈・江藤・大木・大久保・副島の諸参議が出席したが、木戸参議は病気欠席であった。席上、西郷は八月十七日の閣議で内決の通り遣韓大使に任命されるよう求めた。これに対して、岩倉・大久保らは、内治整理と国力充実が先決問題であり、出兵が予想される大使派遣は不急の事として反対し、この日は決定に至らなかった。翌十五日の閣議に西郷は出席せず、この間、大隈・大木の両参議は征韓反対に転じたので、板垣と副島が征韓派を代表した形で遣使を主張した。西郷の決意に対して、三条は岩倉と協議のうえ西郷派遣を決定したが、大久保は反対して参議を辞職し、岩倉も病気を理由に引きこもった。

遣使中止の勅裁

十月十七日の閣議では西郷と同調する参議らは、上奏による遣使の正式決定を迫るが、三条は岩倉・大久保の欠席を理由に一日の猶予を求め、結局三条は煩悶の極み翌朝発病するに至った。二十日、岩倉右大臣が太政大臣代行の勅命を受ける。二十二日に副島は西郷・板垣・江藤と四名で岩倉邸を訪ねて、閣議決定の上奏を促すが、岩倉は上奏では自分の考えに従うと言い張り議論となった。二十三日、岩倉は遣使問題を上奏したが、それは当面政策の緩急順序から遣使反対を論ずるものであった。翌二十四日に遣使中止の勅裁が下る。

征韓派の下野

すでに二十三日に西郷は辞表を提出して東京を離れ、二十四日には板垣・副島・後藤・江藤の各参議は一斉に下野した。明治六年十月の政変で、征韓論政変として伝えられる。

副島の対韓問題に関する方策は、約言すれば、「征韓一挙、露国中立」であるが、これは露国代理公使ビュッツオフの保証を信用しての主張と見なされる。

江藤の佐賀帰県

佐賀では、明治六年（一八七三）十二月二十三日、征韓党が結成されると、代表者が上京し、副島と江藤に対し帰県を懇請した。副島は江藤とともに佐賀帰県を諾したという。しかし、結局副島は残り、江藤だけが佐賀に帰ることになった。この辺の事情について、『自由党史』の記述によれば概略以下の通りである。

これより先、佐賀士族で深く新政を悦ばざる者、陰に相結んで封建の旧制に復せんと謀る。これを憂国党と称す。征韓の議破裂するに及んで、征韓党また憂国党と対峙し、両々相下らず。先の秋田県令島義勇は内旨を承け往て諭に当り、身却て憂国党の首領となり、征韓党と相合するに至り、形勢日に漸く危し。時に江藤新平まさに京に在り、郷国不穏の報を得て憂慮に堪えず、副島と相議し、子弟鎮撫のため、促装して西帰せり。これ民撰議院設立建白提出に先きだつ数日の事であった。

副島の東京残留

江藤の出発前夜、一月十二日に建白の同志らが副島邸に会した。板垣は副島と住居が近く散会後も留まった。副島と江藤は、板垣に佐賀鎮撫に二人とも西下の意あるを告げた。板垣は眉を顰めて諫めた。

今日両君帰県せば、県下人士は勇気百倍、騎虎の勢い制すべからず。身は東京に在り、遙かに書を寄せ人を遣わして、綏撫の策をめぐらすようにと。

江藤は「板垣の言、至理あり、我輩豈に自ら省ずして可ならんや、因りて副島氏は京に留り、余一人西帰せん」と答えて、ついに別れた。

佐賀戦争

こうして佐賀に帰った江藤は、征韓党の首領に擁せられ、佐賀戦争（佐賀の乱）で敗北し処刑された。副島も東京に留められず帰県していたら、江藤同様の運命を免れなかったかもしれない。後年、江藤の遺子江藤新作議員は衆議院で副島への弔辞を発議する（二〇八ページ）。

江華島事件と副島

明治八年（一八七五）九月、日本軍艦雲揚（二四五トン、備砲八門、英国製）は、朝鮮国江華島の砲台と砲撃を交えた。翌九年一月、艦船六隻で使節を派遣し、江華府で談判、朝鮮の開国が実現する。そのころまでなお「英気が磨滅せなかったと見えて」、副島は直ちに岩倉邸に行き、岩倉に向かい「果して我輩の見込み通り、兵力を用ひなければ朝鮮は話ができないと云ふ説が、是に於て勝ったと謂はなければならぬ」と言ったところ、岩倉は頷いた。

かつての征韓派は不同調

そこで西郷にも出てくるよう鹿児島人樺山某に託して伝言させたが、西郷は「唯おれ等がする所を見て居れ」と言うばかりであった。それから板垣にも副島が説いたが、板垣は自分は政府に向かって、参議と行政官との兼務を分離しなければならぬ、という説を出してある。それが行われぬ間は最早征韓論のようなことは言わない、とかつて征韓論者と目された西郷・板垣とも動く気配を見せなかった（「経歴偶談」）。

第六　帝王の師傅へ

一　民撰議院設立建白

副島は明治六年（一八七三）十月二十五日東京に「御用滞在」となり、前参議の月給何分の一かが支給される。

愛国公党の結成

明治七年一月十二日、前参議の板垣退助《たいすけ》・後藤象二郎《しょうじろう》・副島・江藤新平《しんぺい》の四名は、古沢滋《ふるさわうるお》・小室信夫・由利公正《ゆりきみまさ》《こうせい》・岡本健三郎らを加え、副島邸で愛国公党《あいこくこうとう》を結成した。古沢と小室は、欧米の立憲政治を視察した新知識の持主であり、由利も岩倉使節団に合流し海外諸国を歴訪している。

党の自然解消

最初の民権政社といえる愛国公党は、党名に公党を称し、「本誓」で天賦《てんぷ》人権論に基づき「通義権理」を唱え、民撰議院《みんせんぎいん》設立要求を当面の課題とし、数日後に建白を実行した。しかし、二月二日に江藤が離京し佐賀で征韓党の首領に推され佐賀での戦いに敗れ、のち板垣は高知に帰り、愛国公党は自然解消の形となる。

なお、副島は回顧談で、明治八、九年ころ、板垣らが愛国公党を起こすについて私に主領になるよう城君（のち東邦協会の城数馬か）らが使いに来たが、謝絶したと語っている。年代が合わないが、そのような話は事実なのであろう（「経歴偶談」）。

民撰議院設立建白書の署名者

明治七年一月十七日、民撰議院設立建白書が左院に提出された。八名の連署で年月日の次に、古沢迂郎（滋）・岡本健三郎・小室信夫・由利公正・江藤新平・板垣退助・後藤象二郎・副島種臣の順で、宛名に近い末尾の副島が文書形式上では最も格が高い。佐賀県の副島をはじめ貫属府県を示し（板垣・古沢・岡本・後藤の四名が高知だが、後藤は東京府貫属）、八名とも士族である。肥前二名（副島・江藤）、土佐四名（板垣・後藤・古沢・岡本）、越前（由利）・阿波（小室）各一名で、無論薩長は含まれない。前参議は副島・後藤・板垣・江藤の四名である。

「君主専制」を「有司専制」に

建白書は、英国で学んで来た古沢が英文で起草し、和訳した文案を一同で検討した。副島によれば、明治六年の末に板垣・後藤らが民撰議院設立の建白書を出すことになったが、その草案はもとより翻訳的文章であり、眼目は主として、君主専制を咎め、これに代えるに議院政治をもってすることを望むにあった。これに同意を求められた副島

全文が国内外に流布

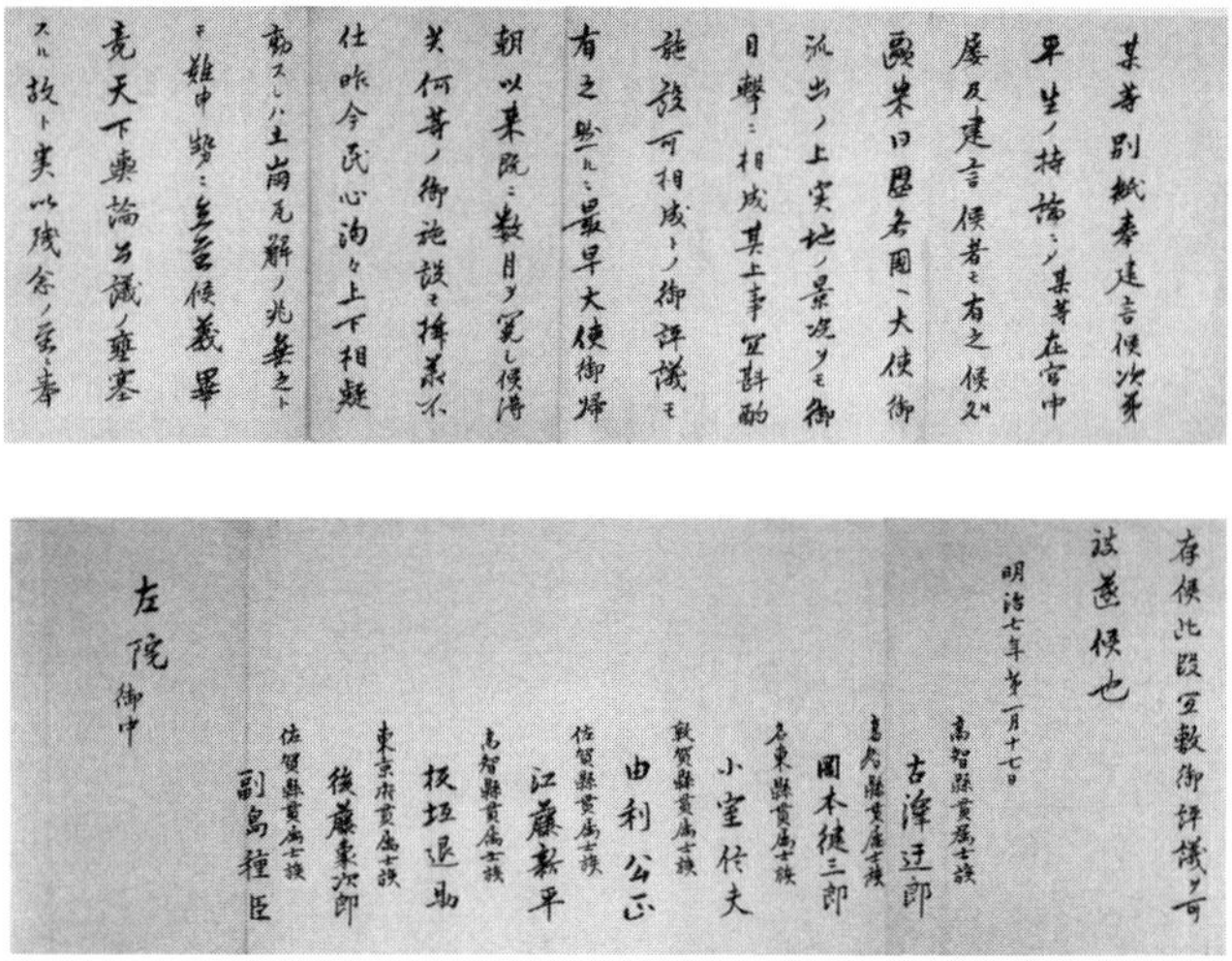
某等別紙奉建言候次第
平生ノ持論ニシテ某等在官中
屢及建言候者モ有之候ヘ共
欧米回歴之周ヘ大使御
派出ノ上実地ノ景況ヲモ御
目撃ニ相成其上事宜斟酌
施設可相成トノ御評議モ
有之然ルニ最早大使御帰
朝以来既ニ数月ヲ冗シ候得
共何等ノ御施設モ拝承不
仕昨今民心洶々上下相疑
動スレハ土崩瓦解ノ兆無之ト
モ難申勢ニ立至候義畢
竟天下輿論公議ノ壅塞
スル故ト実以残念ノ至ニ奉
存候此段宜敷御評議可有
被遂候也
明治七年一月十七日
高知県貫属士族 古沢迂郎
高知県貫属士族 岡本健三郎
名東県貫属士族 小室信夫
敦賀県貫属士族 由利公正
佐賀県貫属士族 江藤新平
高知県貫属士族 板垣退助
東京府貫属士族 後藤象次郎
佐賀県貫属士族 副島種臣
左院 御中

民撰議院設立建白書（前文，国立公文書館所蔵）

は君主専制を咎めるような議論には、もと勤王の志士として同意できない、と断わった。そこで板垣らが、ここだけをどうなりとも書き直すので同意をと望んだ。しからば、君主専制の字を有司専制に改めたら宜しかろう、蘇我《そが》の馬子《うまこ》も、淡海公（藤原不比等《ふひと》）の子孫も有司専制に外ならない。今の世も往々有司専制となるかも分らぬ故に、有司専制の弊害を防御するがために議院を作るというならば同意しよう、ということで連署建白したのであった。

　こうして明治七年一月十八日の『日新真事誌』（英人ブラック主筆の左院御用紙）に「方今政権ノ帰スル所ヲ察スル

ニ、上帝室ニ在ラス、下人民ニ在ラス、而独《ひとり》有司ニ帰ス」「天下ノ公議ヲ張ルハ民撰議院ヲ立ツルニ在ル而已《のみ》、則有司ノ権限ル所アッテ、而シテ上下其安全幸福ヲ受クル者アラン」以下、建白全文が掲載され、広く知られ内外人士を驚かせた。

副島署名に対する反応

侍読《じどく》加藤弘之《ひろゆき》は一月二十六日の日記に、「夫レヨリ副島ハ参ル、是ハ先日同氏以下六七人議院設立建白いたし候処、僕所見異ル故、弁駁書《べんばくしょ》ヲ造リ披陳ス」と記した。加藤は尚早との立場で反対した（二月三日同紙）。建白は副島と懇意であった大久保利通《としみち》などをも驚かせた。

明治九年の清国漫遊（後述）の折、イタリア公使コント・ヘイが来訪し、大忠臣と信じていた貴下の民撰議院建白に驚き入った。英国ですら君民同治などの語は決して官府などでは用いないと注意した。今に至るまでこの忠告は忘れぬと副島は語る（「外交実歴談」）。

大阪会議

政府部内では明治六年の政変の翌七年五月、木戸孝允《たかよし》が征台に反対し参議を辞任した。明治八年一月、大阪会議（板垣・木戸・大久保・井上馨《かおる》・伊藤博文《ひろぶみ》ら）で立憲政体への漸次移行に合意が成立し、三月に板垣・木戸の参議復帰が実現し、政府は補強された。

元老院議官を設置

四月、元老院・大審院を設置し、地方官会議を設ける。木戸の構想では、立法機関として元老院《げんろういん》会議を上院、地方官会議を下院になぞらえていた。四月二十五日、元老院議官に、勝安芳《やすよし》（海舟《かいしゅう》）・山口尚芳《ますか》・河野敏鎌《こうのとがま》・加藤弘之・後藤象二郎・由利公正・福岡孝《たか》弟《ちか》・吉井友実《ともざね》・陸奥宗光《むつむねみつ》・松岡時敏・鳥尾小弥太・三浦梧楼《ごろう》・津田出《いづる》が任命される。福岡（五月十九日）と勝（十一月二十八日）は辞職した。陸奥は幹事になる。

副島は元老院議官任命を辞退

副島は天皇に召され、「其方の建白を採用して先以て元老院と大審院を立てる」との言葉を賜ったが、議官任命を辞退し就任に応じなかった（『佐佐木日記』六、二五一、稲田正次『明治憲法成立史』上、二四九ページ）。

副島と修史事業

副島は明治六年政変による下野の後は官途に就かず、国典の調査などに勤しむ日々を送っていた。その副島の修史事業への登用を献策したのは小河一敏《おごうかずとし》（一八一三～八六）であった。

小河一敏

小河は、文化十年豊後国直入郡竹田（大分県竹田市）に生まれ、通称弥右衛門。岡藩士で禄五〇〇石。儒学・仏典・神道・医学・兵法など広く学んだ。藩主を中川久昭が嗣ぐと、要職から左遷されたが、嘉永《かえい》六年（一八五三）米艦来航を知るや九州遊説に出て、真木《まき》和泉《いずみ》・平野国臣《くにおみ》・西郷隆盛《さいごうたかもり》らと交わり、以後尊皇攘夷運動に活躍し、帰藩禁固を重ねて、大政返上に至る（後藤重巳「外様小藩における勤王動向―豊後岡藩と小河一敏―」『日本歴史』四四二号、一九八五年）。

慶応《けいおう》四年（一八六八）、新政府の徴士内国事務局権判事、大阪府判事、堺県知事（明治二年免官謹慎）。宮内大丞、御系図取調御用掛。明治四年嫌疑により鳥取藩預け。六年阿蘇神社宮司を経て、八年八月修史局三等修撰、十年一月修史四等編修官、十月宮内権少書記官となり、十一年三月老齢をもって依願免官となるが、十四年に宮内省御用掛、十九年一月に没した。

副島と小河との出会い

小河は宮内省で皇室系図の調査に専念するうち、副島と知りあい、人物・学殖に接し、漢学はもとより国学・国史・神道などに関する造詣に敬服した。ちなみに、一敏の嗣子忠夫の子国麻呂の名付親は副島である。また、小河一敏紀念碑（染井霊園）も副島の撰文になる。

副島を修史局に推挙

太政官《だいじようかん》の歴史課は明治八年四月に修史局と改称され、長松幹《みき》が総裁に、六月には一等侍講伊地知正治《じこういじちまさはる》が副総裁になる。伊地知の就任前、五月十二日に小河は岩倉具視に副島の副総裁任命を進言し、二十一日にも再度の書簡で、神祇興隆のため副島を教部卿（文部卿兼務）にと推挙する。教部省は明治五年神祇省を廃止して設置されたが、神道色が濃かった。翌九年一月岩倉宛三度目の書簡で、小河は副島を推薦する理由を具体的に述べている。皇統に関して、瓊瓊杵尊（ニニギノミコト）を初代とする意見では小河と副島は一致していた。副島を「其議論卓絶、明了」と称賛して、岩倉に向け副島をしきりに推挙したのであるが、結局実現を見ず、伊地知が修史副総裁（十年一月修史館総裁）となる。教部省は十年一月に廃止された（日本史籍協会『岩倉具視関係文書』第六）。

二　清国漫遊

御用滞在

副島は明治八年（一八七五）十月、外務省事務総裁を仰せ付けられたが、これもその月に辞任し御用滞在は続いた。一年も前から再三再四願い出ていて、九年九月御用滞在を免ぜられ、清国漫遊の旅に上る。

金策

費用の金策では霞関の邸を有栖川宮《ありすがわのみや》家に坪一円（二円とも）で買い上げを願い、当時の金で二万五〇〇〇円（年賦支払い）を手にした。以後ずっと借家住まいになる。『熾仁《たるひと》親王日記』二の明治九年九月十三日の条に「佐賀県副島種臣江邸宅買取残金七百五拾円差贈之事」とある（高松宮蔵版、昭和十年。日本史籍協会、復刻、同五十一年）。

清国行の世評

副島の清国行は八月ごろから世評をよんでいる。「必ず深謀遠略、他日我国家の為めにする」ものと見るのであった（『中外評論』三号）。

清国行は政府から猜疑の目を向けられた。副島によれば、一種の流言があり、副島が清国に雇われに行くという風聞紛々で、虚実は知らぬが、新任の森有礼《ありのり》駐清公使が急いで先発したという（「経歴偶談」四七二）。森の駐清公使任命は明治八年十一月十日に下り、十二月八日に神戸を再出発、北京《ペキン》到着は翌九年一月四日であった。賜暇帰朝で、同年四月二十日に北京を発ち、五月八日、品川に帰着している（犬塚孝明『森有礼』年譜）。

日中双方に疑心暗鬼

副島は九年九月二十日、従者一人を連れ東京丸で横浜を出帆、途中神戸に上陸し、楠《くすの》木《き》正成《まさしげ》を祀る湊川《みなとがわ》神社に参拝した（九月二十二日、宮司折田年秀の日記）。のち長崎を経て上海《シャンハイ》に渡る。八年二月三菱商会の横浜〜上海線（内務省命令航路）週一便開業の翌年であった。上海に到着すると旅館田代屋に止宿し、長期滞留となる。副島は語る（「経歴偶談」）。

> 私の往く処到る処に、支那の探偵と日本の探偵と附き添ふて居るやうにある。支那人は思へらく、副島は野心ありて支那を窺ふ為めに来て居る者也と。日本は思へらく、副島は何か彼れの企てがあるならむと。其一つの証拠は上海の旅館で私が四言の詩を作った。さうして書損ふたから二階から投棄ててあった。其詩が日本の新聞に登録してあった。（『全集』2、四七二）

西郷と副島

副島の中国漫遊は日中双方に疑心暗鬼を生じたのである。

清国行を前にして、副島は鹿児島の西郷隆盛に書簡を送っているが、現在それは失われ、西郷の九月二十八日付の返信が伝えられ、『蒼海遺稿』（写真版）、『大西郷全集』に載せられている。書中に西郷は「支那行御催しの趣、新聞に一見いたし意外千万の事に御座候」と言う。

「経歴偶談」によれば、副島は出発以前に予め手紙を西郷に贈り、かつ出発の節に書生の一人鈴木恭信（鹿児島人）を特別飛船に乗せて鹿児島に遣わして、欝々として楽まぬ故に、当分清国に漫遊するということを西郷に伝語させた。数月前、副島が東京から送った信書について、書生が問うと、西郷は落手していないと答えている。

なお西郷は城山で死ぬ三日前、岩崎谷の洞中において岡部という男を呼んで永訣を告げ、汝はここを去り脱出せよ、そして他日副島が清国から無事帰国したら、予の遺言一語を伝えてほしいと言った。曰く、「慎しみて『勿死《シナヌ》工夫《クフウ》』をしろ」と。岡部は幸い城山を脱出し、翌年副島帰国後に上京し、鈴木恭信を伴い副島宅を訪問し、西郷の遺言を伝えたのである（『全集』2、四七三）。

本田親徳

本田親徳《ちかあつ》（一八二二～一八八九）は霊学研究者。副島は神道の本義を質ねた（「真道問対」）。鎮魂・

帰神の伝を受けて、副島が清国漫遊の旅に出る明治九年、明年二月西郷隆盛の挙兵を予告し、難を海外に避けるようとのお告げをもたらしていた。

李鴻章との会見

副島は清国漫遊をめぐる前記のような流言を「歯牙にも掛けず、悠々として日本を出発」した。政府の密偵がつきまとったというが、漫遊の全行程か、部分的か定かでない。上海から蘇州、杭州の名勝を探り、北上して天津に至り、直隷総督李鴻章と会見した。当時李は日本における風聞を知ってか、知らでか、副島に対して清廷に奉仕してくれないかと問うた。「我は卿を待つに鴻章の力の及ぶ限り、清国の権力を管理するの地位を以てす」と李は言うが、副島は「我は能《あた》はず」と答えた。それではどうして大久保利通らと和睦して共に日本のために奉仕しないのかと李は問う。副島の答えは、それもまた欲せずであった。李はまた、大久保の上に立つことを欲せず、下に立つことも欲せざる者かと問うた。筆談によっていた副島は「不為人上、不為人下、心允寧静、大福長者」と書いて示した。李はこれを読み、唖然として大笑したのであった（「経歴偶談」。『全集2』四七一）。

曽根俊虎の来訪

副島が北京・天津を経て南方に赴き、湖南に来たころ、一日旅館に曽根俊虎（米沢。一八四七〜一九一〇）が訪ねてきた。曽根は明治六年の副島大使清国派遣の際、軍艦龍驤乗組の海軍中尉。翌七年、蕃地事務局勤務、上海出張、九年二月、再び清国に出張、情報収集と軍需品調達に当り在任二年。副島と会ったのはこの間のことである。明治十二年十一月出版の曽根俊虎編纂／副島種臣校閲『清国近世乱誌』は太平天国の乱を述べるが、副島は題辞「著作千秋事」の五字を寄せている。十三年、興亜会の設立は後述する（一七七ページ）。

清国文人との交流

渡清した副島は、太平天国の戦乱で荒れた跡を残す上海《シャンハイ》で、王寅や銭擇（子琴）らと交わる。また遊覧の地として西湖を訪ね、宋の忠臣岳飛の墓に詣でた。

清国における副島の旅程や動静については、紀行・日記の類も伝わらず、はなはだ把握し難い。残された漢詩・書簡などから断片的に足跡を探るほかない。

草森紳一（二〇〇八年三月没）は「薔薇香處―副島種臣の中国漫遊―」を『文学界』に四十回連載（二〇〇〇年一月～二〇〇三年四月）、副島をめぐる人物と関連事項にかかわる諸書、記録などを博捜し、事実の調査解明に努め、漢詩の素養も生かし周辺の事柄を含めて詳述した。

一時帰国の年月日など、この「次号完結」を三十九回も繰り返した連載によっており、多くの個所で恩恵を蒙っている。東京日々新聞、報知新聞などの雑報欄の副島に関する記事を拾った消息などはその連載に拠った。

僧侶小栗栖香頂との交流

小栗栖香頂《おぐるすこうちょう》（大分。一八三一～一九〇五）は咸宜園《かんぎえん》広瀬淡窓《たんそう》、京都高倉学寮に学んだ真宗大谷派の僧である。明治九年七月中国に渡り、上海に東本願寺仮別院を開く。開宗式は同年八月二十日で、品川忠道領事らのほか、後日副島と仲良くなる儒者銭子琴も出席している。副島は「昔日欽差頭等臣……」の作詩を送った（現在、佐賀県立美術館蔵）。

漢学者竹添進一郎の来訪

小栗栖の自作詩込みの日記『蓮舶詩歴』には　十月十四日に「副島種臣来」、二十七日「北京全権公使森有礼来」、十一月十日「竹添進一郎来」と続く（草森「薔薇香處」1）。竹添進一郎（熊本。一八四一～一九一七）は、明治九年四月陸軍大佐福原和勝の清国差遣に同行、清国旅行中の来訪であった（のち天津《テンシン》領事になる）。

副島の漢詩

なお、副島の漢詩「題天津駅舎壁」（天津駅舎の壁に題す）の前半は、

吾が家は　東京の裡
園中　皆　薔薇なり
種類　数十品
四時　常に芬菲たり
今来りて天津に在り

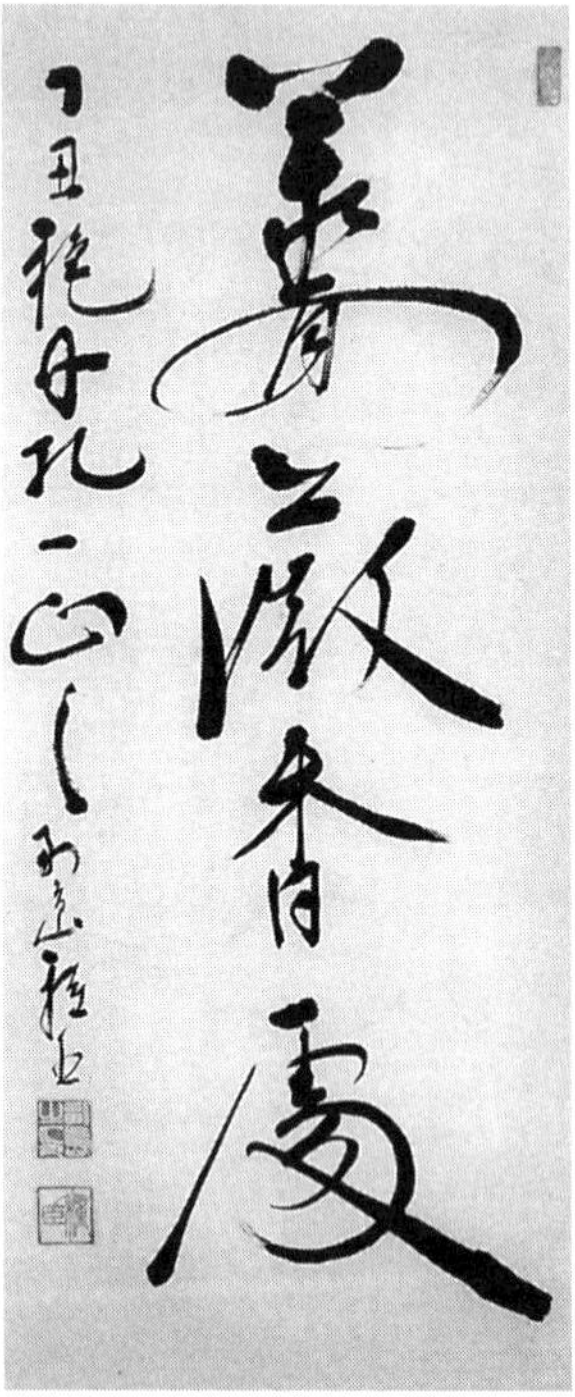

副島種臣の書「薔薇香處」
（致道博物館保管）

此の地草木は稀れ
何ぞ況んや駅舎
一卉の微すらも見難し

で、後半では駅舎の庭にバラを植えよ勧めている。駅は鉄道の駅でなく、車馬の発着する駅である。

副島に「薔薇香處」の四文字の書幅がある（鶴岡・致道博物館所蔵）。「丁丑秋日」の書なので、明治十年＝西南戦争の年である。草森の長篇の題はこの書に因んでいる。

宮本小一の帰国忠告

明治十年四月二十日、副島は帰国を促した宮本小一（外務大丞）の書簡（三月二十四日）に対する返簡（憲政資料室）に、清国漫遊で放浪中、肥薩戦さぞ苦心と察するが、帰国を勧める忠告は受け難いと答えている。宮本は副島外務卿当時部下の外務少丞であった（のち元老院議官）。

一時帰国

明治十年九月に副島は一時帰国している。二十六日に東京丸で横浜に帰港し、十二月五日再び上海に向かい西京丸で横浜を出港した。九月二十四日に西郷らが戦死し西南戦争が終結した二日後の横浜入港を、『報知新聞』（九月二十七日）の「府下雑報」は副島の昨朝東京丸帰着を報じ、「同船には処刑済の賊徒多人数乗組、上陸の時は何れも縄付にて二列に列し、巡査両側を護衛したり」という（草森「薔薇香處」）。

なお、副島は帰国途中の九月二十二日に神戸で再び楠木正成を祭る湊川神社（明治五年鎮座）に参拝し、折田宮司と閑話している（折田年秀日記）。

清国から帰国

明治十一年秋、副島は清国漫遊の旅から帰国した。大久保利通はこの年五月に暗殺されている。大久保とは六年政変で袂を分ったが、隣りに住み往来した仲であった。岩倉らは副島を政界に復帰させようとしたが、受けなかった。

三　天皇と侍講

一等侍講を拝命

明治十二年（一八七九）四月二十一日、副島は宮内省御用掛、一等侍講《じこう》兼務、侍講局総裁を拝命した。御用掛は伊地知《いじち》正治《まさはる》（前修史館総裁）とともにであった。

博識卓見の士

これより先、客春以来、柳原《やなぎわら》前光《さきみつ》（元老院幹事）・吉井友実《ともざね》（元老院議官兼侍補）・宮島誠一郎（修史館御用掛）らは、漢学の興隆を方今の急務とし、かつ副島を挙用して、この事に当らせるよう、大臣・参議・侍補らに説いた。前年から論語を進講していた侍補元田永孚《もとだながざね》は博識卓見の士を師傅《しふ》に選ぶべしとし、このころ論語を講ずると聞く副島を侍講の任に充てることを奏請し、吉井・大隈重信《おおくましげのぶ》も副島の登用を奏聞したのであった。

大隈重信の人事

大隈が一日副島を訪うて、その出仕を奨めると、副島は、「聖上（天皇）よりの御直命であれば、私は門番なりとも、御厭いはいたしませんが、内閣の評議で宮内省出仕を仰付け、しかもその取扱は故木戸（孝允《たかよし》）に及ばないということでは、大臣方が礼儀を弁えないというべきである」と、なかなか応じそうにもない。それで、結局地位は大隈が保証し、かつどこまでも「御思召」であるというので、副島も承諾した（渡辺幾治郎『明治天皇の聖徳　重臣』）。

早くから候補に

遡れば明治二年（一八六九）一月、横井小楠《しょうなん》暗殺直後、大久保利通《としみち》は岩倉具視《ともみ》に朝廷の根基確立を説き、なお言葉を進めて、「木戸孝允・副島種臣の両士は忠誠にして識見あれば、侍講として奉侍せしめ、聖上補翼の任に当らしむべきである」と陳《の》べた（一月七日）。木戸はすでに亡く、大久保も前年暗殺されているが、岩倉の在世中（明治十六年没）に副島の侍講が実現した（勝田孫弥『甲東逸話』冨山房、一九二八年、七八ページ）。

一等官

こうして伊地知と副島は一等侍講兼務となり、両人とも一等官で年俸四〇〇〇円を受ける。一等官といえば木戸の待遇とも変わらない。

以後、侍講副島は毎火曜日に大学・中庸《ちゅうよう》・尚書《しょうしょ》を順次進講し、毎木曜日には皇后に進講した。進講には元田も陪席し、副島の講説を補助し、また質問も聴された。

副島の進講

ただ副島の進講は、とかく時事にわたり、政治の得失を論ずることが多かった。政府要路の者はこれを喜ばず、十二年十月には参議黒田清隆《きよたか》が主として副島の排斥を企て、内閣と宮内省との大問題となった（渡辺前掲書、九九ページ）。

副島外遊の議

この紛議に対して、政府首脳らは副島を海外に派遣しようとし、天皇の裁断を仰いだ。十月十一日、侍講元田永孚を召し、子細が問われると次のようであった（以下、長文であるが、『明治天皇紀』四、七七一ページ以下の記述によって問題の経過の前段の部分をたどる）。

或外国新聞紙、侍講某に関する記事を掲げ、某は進講の際、政府の政略に反する言論を吐露し、また亜米利加合衆国人リセンドルと深く交り、清国との談判に就きて評論する所ありと云ふ、之れを覧る者、その口吻《こうふん》より察するに、某とは種臣を指すに似たり、又種臣外務卿たりし時リセンドルと交りしのみならず、台湾事件に就きても両者関係の在るあれば疑なきにあらず、蓋《けだ》し該記事は種臣門生の口より出でたるならんと為す、清隆これを聞き建議して曰く、種臣曩《さき》に征韓論を唱え、尋《つ》いで民撰議院の設立を論ず、その政府に反対たるは固《もと》より言を俟《ま》たざれば、進講に託して私論を主張するが如き事のあらんは明白なり、速かに之れを黜《しりぞ》けずば後難測り知るべからざらんと、臣等清隆を説諭すれども敢へて肯かず、若《も》し納れられずば官を辞して去らんとす、参議西郷従道・同川村純義《すみよし》亦清隆の説を賛す、参議大隈重信は、種臣の学識を保証して之れを推轂《すいこく》せし関係あるを以て、今俄《にわ》かにこれを黜くるに於ては吾亦退官せざるべからずと言ふ、参議大木喬任《たかとう》大に之れを憂ひ、今種臣罪過の確認すべきもの有るにあらず、然《しか》るにこれを黜けんは失体たるを免れず、然れどもこれを黜けずば清隆必ず朝に立たざるべし、宜しく種臣をして外国に公使たらしむるか、或は各国巡視を名として海外に差遣せしむべし、是れ一には種臣を益し一には清隆を慰し、所謂《いわゆる》両全の策なるべしと称す、
参議伊藤博文これを賛し、種臣の学識は天下稀に観《み》る所なり、然れども時に固陋偏執の嫌なきにあらざるを以て世人往々之れを信ぜざるなり、種臣の学識を以て各国の政界を視察せば、益々其の識見を進むべきなり、而して他日内閣に列する甚だ可ならずやと説く、臣等これに同意す、謹《つつし》みて聖旨の如何を候すと。

天皇、外遊を聴さず

これに対して、「副島の進講は時として古今の政略にわたるも、これ皆学問上の見地に出るもの、新聞紙の記事を信じ漫りに黜《しりぞ》けることなく熟慮すべし」との勅答であった。

元田永孚の奉答

元田永孚の奉答では、副島の進講に陪席したが、現下の政治には論及せず、「陛下に益ありて未だ政府に害あるを見ず」とし、黒田らが一度も副島の進講を陪聴せず、確信すべき徴証もあらず、世上の浮説を信じて排斥するは、私意に出るを免れない。黒田は参議十員中の一人に過ぎないが種臣に至っては、実に陛下の師傅にして他にその人なし、とする。

元田永孚による聴取

天皇は元田に侍補吉井友実《ともざね》（副島登用に関係した）の意見を徴させた。吉井は方今の異論紛議は黒田・副島の事にとどまらない、要は聖断にあるのみと語る。天皇は再び元田に命じ副島に尋ねさせた。副島が出仕してから数ヵ月を過ぎず、何人といえども進講の情況などを知り得ないのに、伊藤だけはひとりよく知っているという。あるいは副島門生中に竊かに伊藤と通ずる者が、副島会読の際知らず識らずのうちに口外したのを、みだりに伊藤に洩らしたかと察した。

元田永孚

副島の回答

十月十四日、副島の進講後、元田は副島に門生「浪語」のことと、リゼンドルとの親交について質した。副島は愕然として、進講に関して門生らに談じたことはない、リゼンドルとの親交に至っては虚伝の甚しいものとした。彼と別れてすでに七年、一度音信を通じて来たが答えず、彼との面会も帰国の際と、過日来遊の際一回のみである。外国人との交信は最も慎む所であり、琉球事件の起こった七月以来は、親交ある清国公使(何如璋)にすら詩篇の応酬を絶っていると答えたのであった(『明治天皇紀』四)。

元田の危惧

元田は、黒田が副島を黜けようとするのは私怨より起こるものとする。薩長政府の中で侍補・侍講があって、政府外の輿論《よろん》を天皇に達するを得ているが、副島が去って侍補が廃されるに至れば、「人心の政府を離るる所以のもの、更に帝室に及ばんとす」と案じた。

外遊策に反対

伊藤は副島が責任ない立場から政務に容喙《ようかい》する懼《おそ》れあるを苦慮していたが、十月十六日に副島を外遊させるのを穏便な方策として天皇に進奏し、これが元田に告げられる。

元田はもとより外遊策反対を上奏した。副島の進講を陪聴して、その説くところ悉く信ずべきにあらず、またその人と為りを観るに悉く取るべきにあらず、ただし聖人の道を講明し、「陛下をして神武《じんむ》天皇・天智《てんじ》天皇たらしめんと自任するに於ては、臣と同一にして間然する所なし」、「聖徳輔導の大任に堪ふる者に至りては、種臣の如き者容易に得べからざるなり」とした。副島の外遊は聴許されず、黒田の策も行われず、官を辞することなく止んだ。

侍補制度

なお、侍補は明治十年（一八七七）八月に設置され、一等侍補に徳大寺実則《とくだいじさねつね》・吉井友実・土方久元《ひじかたひさもと》、（翌年三月佐佐木高行）、二等侍補に元田永孚・高崎正風、三等侍補に米田《こめだ》虎雄らで計十人となる。職務は「常侍規諫」だが、侍補による天皇親政運動などが起こされ、政治介入は内閣側との対立を生じ、副島が侍講になって半年後の十二年十月に侍補は廃止される（渡辺昭夫「侍補制度と「天皇親政」運動」『歴史学研究』二五二号）。

副島の辞意撤回

明治十三年一月以降のある時、副島は病と称して進講を一時中絶し、辞意を宮内卿徳大寺実則にまで内話していた。天皇は副島が久しく進講を欠いているわけを宮内卿に問い、徳大寺は副島に辞意のあることを奉答した。驚いた天皇はその夜宸翰《しんかん》を認め、侍補土方久元により雨中を即刻越前堀の副島邸にもたらされた。宸翰に感泣した副島は翌朝参内し、進講の継続を誓った。それ以来、明治十九年（一八八六）侍講職の廃止を見るまで進講を続け、天皇を理想の天子尭舜の君とするため熱誠をこめて仕えた。

天皇の宸翰

この宸翰の内容は徳大寺も知ることなく、副島は家人にも話さなかった。死去よりおよそ一年ほど前に至り、後嗣の道正に示し、家の秘宝として絶対世に出してはならぬと申し渡した。明治天皇の崩御後、この宸翰のことを聞き知った『報知新聞』は大隈重信を介して道正に発表を申し出たので、道正は宮内省に願い出た。当時、宸翰の経緯を知る者は、徳大寺と土方だけであった。両人は宮内大臣渡辺千秋とともにその発表に賛成し、副島家の秘宝は世に知られることになったという（丸山幹治『副島種臣伯』一一〇ページ）。

明治天皇

宸翰の内容

宸翰全文は次の通り。

卿ハ復古ノ功臣ナルヲ以テ朕《ちん》今ニ至テ猶《なお》其功ヲ忘レス　故ニ卿ヲ侍講職ニ登庸シ以テ朕ノ徳義ヲ磨クコトアラントス　然ルニ卿カ道ヲ講スル日猶浅クシテ朕未ダ其教ヲ学フコト能《あた》ハス比日来卿病蓐《びょうじょく》ニ在テ久ク進講ヲ欠ク　仄《ほのか》ニ聞ク卿侍講ノ職ヲ辞シ去テ山林ニ入ントス　朕之《これ》ヲ聞テ愕然ニ堪ヘス　卿何ヲ以テ此ニ至ルヤ　朕道ヲ

聞キ学ヲ勉ム　豈《あに》一二年ニ止マランヤ　将《まさ》ニ畢生《ひっせい》ノ力ヲ竭《つく》サントス　卿亦《また》宜ク朕ヲ誨《おし》ヘテ倦《う》ムコト勿《なか》ルヘシ　職ヲ辞シ山ニ入ルカ如キハ朕肯《あえ》テ許ササル所ナリ　更ニ望ム　時々講説朕ヲ賛ケテ晩成ヲ遂ケシメヨ

（佐賀県立佐賀城本丸歴史館蔵）

債務保証と恩賜

またある時、侍従長《じじゅうちょう》は天皇から、副島は近ごろ気分がすぐれないようだが、何かわけでもあるのかとの下問を受けた。副島家の家庭事情を知っている侍従長は、副島は友人の債務保証をして大変困っているらしいと奉答した。すると天皇は侍従長を召し、手許金から一〇万円下賜の恩命をもって、直ちに副島邸に届けるようにとの沙汰であった。侍従長は馬を駆って副島邸に使いして、勅旨を伝達し、副島は感激してありがたく拝受した。

恩賜の沙汰を辞退

しかし翌日に副島は参内して天皇に謁し、恩賜の沙汰に深謝の意を表した上、あらためて辞退の意を申し出た。そして威儀を正して言上した。国父は万民を平等に愛すべきであり、側近奉仕の故をもって私のみを偏愛されるのは君徳を傷つけることになるとし、国内には天災地変多く悲惨な境遇にあるものが少くないので、その賑恤《しんじゅつ》の用の足しにでもと願った。

切腹を留めさせる

副島の退出を見守った天皇は、しばらくして侍従を召し副島邸への急行を命じた。副島は死ぬかもしれない、朕の命だと言って差し止めよ、とのこと。侍従が副島邸にかけつけると、副島は衣服をあらため、まさに割腹し諫言の無礼を死によって詫びようとする、間一髪のところで、未然に防がれたとされる。この秘話は、石川順『砂漠に咲く花』（私家版、一九六〇年）にあるが、田邊治通（平沼内閣の逓信大臣、昭和二十五年〈一九五〇〉没）の直話という。

明治十四年の政変

開拓使は明治二年（一八六九）設置以来、十三年度までに事業費一四九〇万円を北海道開拓に投入したが、明治十四年満期になるので、政府は開拓使を廃止し県を置き、北海道における官営事業を民間に払い下げる方針をとった。すると黒田清隆開拓長官は諸製造所・牧場などの諸物件を三八万余円（無利息・三十年賦）で関西貿易社に払い下げようとしたが、政府内外に反対が強く、伊藤博文《ひろぶみ》・井上毅《こわし》は岩倉具視を動かし、黒田に払い下げ中止を説得した。十月九日、岩倉邸における閣議で大隈重信の罷免と払い下げ中止などを決定した。十二日には国会開設の勅諭《ちょくゆ》を発し、明治二十三年（一八九〇）の開設が予告された。この事件は、明治十四年の政変とよばれる。

副島の人事一新構想

これより先、十月五日、侍講副島種臣は時事に憤慨し、使者を立て、書を巡幸に供奉中の左大臣熾仁《たるひと》親王および参議大隈重信に呈し、披見の後に上奏されるよう請うた。その書の概要は次の通りであった（『明治天皇紀』五、五五二〜五五三ページ）。

陛下英断を以て開拓使官有物払下の中止を令したまへるに、留守の有司阻みて聖旨を奉ぜずとの風説あり、殊に黒田清隆の如きは、其の主張する所にして容れられずんば直に禁闕を侵し、陛下を脅したてまつりて聖詔を強ひんとすと、……宮禁奉護の任に当る者は近衛都督・同参謀長等にて可ならん、尚不足を告げなば、警視総監樺山資紀《かばやますけのり》或は陸軍中将鳥尾小弥太・同谷干城《たてき》・元老院副議長佐佐木高行等の在るあり、臣の如きも亦辞せざる所なり、斯《か》くして開拓使廃止を決行し、更に三県を置きて、土佐の片岡健吉・谷重喜《しげよし》及び田口卯吉《うきち》をして其の県治に当らしめたまはば、以て民権論者を承服せしむるに足らん、又土佐の島本仲道をして侍従長若しくは司法省検事の首班たらしめば、諸新聞の論調自ら緩和せられん、而して後大臣・参議の責任を問はせらるへし、従来の事蹟に徴するに、参議は大臣を制し大臣は陛下を制するの謗《そしり》を免れざるが如し、是れ天下憤怨の積聚する所なり、今や薩長肥の出身者は重職を託するに足らず、宜しく人材を天下に求めざるべからず、試みに之れを言はば、方今経済の要を語るは田口卯吉の右に出づる者なからん、以て大蔵卿輔に登用して不可なかるべし、能《よ》く諸般の事に通達するは福地源一郎に過ぐる者なからん、外務卿輔に適するのみならず大臣たるの器あり、岡本健三郎亦大蔵卿たることを得べし、板垣退助《たいすけ》の陸軍大将兼陸軍卿たるべきは曩《さき》に陳上せるが如し、且聖徳を輔翼し国家の安寧を謀らんがため、議事院を開設せられんことを切望すと、

副島侍講はさらに太政大臣三条実美《さねとみ》に面謁して所懐を開陳した。しかるに左大臣熾仁親王は副島の書を読んで、その言説を妥当ならずとして、留めて天覧に供しなかった。

副島人事案が明らかに

天皇は巡幸から帰京し、大臣らが副島を非議するのを聞くと、禍の副島におよぶことを心配して、十月十五日に侍講元田永孚を召して、副島の動静を問い、「閣議が副島の罷免を奏請するやも測り難い、汝は副島の失体の事実を知るならば、これを上奏せよ」と命じた。

そこで元田は三条太政大臣にこの件を質したところ、副島が三条に説いたところでは、福地源一郎・田口卯吉・板垣退助らの登用を進言したことを聞き、大いに驚き、その旨を奏した。

人事案撤回を下命

二十一日、天皇は佐佐木高行を召し、副島を諭してみだりに書生輩と談論することを慎ませ、また内閣の形勢によっては元田と議して副島に戒告する所あるべしと示諭した。

二十四日、佐佐木・元田両人は岩倉右大臣に面謁し内談した。太政・左右三大臣は、副島が将来その言行を慎み、君徳培養を専らとするよう望むものであっだ。

二十九日、佐佐木と元田は副島に対して、その言動が「叡慮」を悩ますこと少くないと告げ、以後自重して民権論者と誤解されることのないよう説いた。副島は弁疏《べんそ》して屈しなかったが、ついに両人の言に服従し、その厚誼に陳謝したので、二人は三条大臣に告げ、奏聞された。こうして天皇は十一月二十二日の定日より、従前のように副島の進講を聴講することになった（『明治天皇紀』五）。

田口卯吉

なお、副島人事案に田口卯吉が三県設置の県治担当者および大蔵卿輔に擬せられている。田口は経済学者で、東洋経済雑誌上に「開拓使の政略を議す」を連載していた。副島が田口を選んだ理由として、登用が民権論者に歓迎されると予想されたこと、および経済方面での声望が高かったことが考えられる（田口親『田口卯吉』人物叢書）。

侍講の辞表

明治十五年三月二十三日、副島侍講は三条太政大臣に、辞職を望む次の書簡を送った。

臣種臣多年侍講之任を忝し、宮内省出仕として蒙仰、不堪感佩候処、近来体気不都合多病勝にて不勤のミ有之、誠以て不堪恐縮、依之右任官、可遂御断候……

（神奈川県立公文書館所蔵「山口コレクション」）

板垣退助遭難

これに対し副島・元田・山岡鉄太郎（宮内少輔）に賜謁などの動きもあったが、結局副島侍講の辞意は通らなかった。

明治十五年四月六日、自由党総理板垣退助は遊説先の岐阜で襲われ負傷した。十二日、侍従が慰問の勅使に派遣された。侍講の副島は次のような見舞いの電報を板垣に寄せた。

嗚呼板垣君よ、君は泰山北斗と謂われたり、不幸にして何者の為にか仇を受られし、此仇我が最も悪む所なり、冀《こいねがわ》くは深く休養せられん事を是れ祈る、足下の信友副島種臣

板垣は「予固《もと》より此事あらんを知る、併《しか》し疵浅くして死せず、幸に安慮あれ」と返報を送った。

副島は板垣の御礼参内の斡旋につとめた。七月三十日、板垣は謝恩参内したが、賜謁はなく、宮内卿徳大寺《とくだいじ》実則《さねつね》が会った。板垣の拝謁は実現しなかったが、副島の斡旋尽力は、持論の官民調和論の立場からも説明される。

第七　内務の重責

一　興亜会と東邦協会

興亜会の系譜

興亜会《こうあかい》（明治十三年〈一八八〇〉設立）は「近代日本における最初のアジア主義組織」といわれている。設立の目的は「亜細亜諸邦の形勢・事情を講究し、交通・親睦を致し、以て全洲の利益を図らんとするに」あった（『明治天皇紀』五、四〇九ページ）。

その源流は振亜社《しんあしゃ》に遡る。清国漫遊時の副島を訪ねた海軍中尉曽根俊虎は、明治十年春帰国後、興亜の志士養成を目的として振亜社を作った。

一方、先年北京《ペキン》に奉使した大久保利通の発意に基き、日清間の留学生交換と善隣親和を図る有志者により、初代清国公使何如璋、副使張斯桂らの来日（明治十年十一月）を機に、民間の日清友好組織として振亜会を結成する計画があった。「この二つの企てが重なるようにして」十三年二月芝区で会合して興亜会の母体が成立した（後掲、黒木彬文解説）。

興亜会結成

興亜会は明治十三年三月九日、神田錦町の学習院で第一回会合を開いた。何如璋は祝辞に大久保の遭難を悼んだ。会長は長岡護美《もりよし》、副会長渡辺洪基《ひろもと》（学習院次長）が選ばれた。

副島会長

副島は明治十四年五月から同年十二月まで会長を務め、十二月の選挙で会長に選ばれたが辞退し、榎本武揚《たけあき》が繰り上げ当選となる。この間、十四年七月十四日に金一〇〇〇円の賜金を受けている。九月二十日、副島会長は参議伊藤博文に入会を勧誘する書面を送った。それには特旨の金を拝領したことを興亜会の面目とし、またペルシア・トルコ両国より大臣貴官の入会希望すでに三十余人に上るのを名誉としていた。会の規則と姓名録なども添えた。伊藤は参事院議長であったが、入会しなかったのである。

ペルシア・トルコ名士の入会は明治十三年の外務省吉田正春の両国訪問が機縁となっている。

興亜会の活動

日清韓の親善を期した興亜会では、使節の来日、会員渡航などの機会に歓迎会、親睦会・懇親会、送別会をよく催した。明治十五年六月二十一日の築地寿美屋における親睦会に副島は榎本・渡辺らと出席した。この会には清国全権公使黎庶昌と随員姚文棟、および王琴仙、張滋昉らが参集、また客員は韓国の金玉均・徐光範・兪吉濬らが加わった。東亜の形勢を談じ、一同款を尽くしたが、とくに副島は黎公使・宮島誠一郎（栗香）と聯句を試み、「三国文章此の楼に会す」として金玉均に示している（『東京日日新聞』六月二十三日）。

鄭永寧

毎月発行の機関誌『興亜会報告』『亜細亜協会報告』の編輯委員・検閲委員に鄭永寧の名が、明治十四年一月から十六年三月まで継続して見え、副島会長の時期も含まれる。鄭が明治六年の副島大使の渡清交渉に二等書記官（外務少丞）として随行し、通訳の役目を果たしたことは、先述の通りである（九一ページ）。この当時は外務権大書記官であった。

興亜会による中国語教育

興亜会の中国語学校は興亜会の正式発足前、明治十三年二月に曽根俊虎名義で東京府に申請され、同月開校、曽根・張滋昉・金子弥兵衛らが教えた。中国語教育は興亜会の重要な柱となる事業であったが、十五年五月に閉校、張と本科生徒は東京外国語学校に編入された。

副島種臣
（明治17年,『蒼海遺稿』より）

亜細亜協会に改称

明治十六年一月二十日、築地寿美屋における総集会において、興亜会は亜細亜協会と改称した。その理由は、日本人が中心となっている団体が、「興亜」という名称を付けるのは穏当でないという清国人会員の意見に賛成者が多かったためである（『東京

日日新聞』一月二十三日。佐藤三郎「興亜会に関する一考察」『山形大学紀要』）。

明治十五年の壬午事変、十七年の甲申事変の発生は、会の勢いにも影響を与えたようで、一時は二七〇名を数えた会員も減少傾向をたどり、二十年一月には一〇〇名を割っている。

東亜同文会に吸収合併

亜細亜協会は、明治三十三年（一九〇〇）三月に東亜同文会（三十一年十一月設立、近衛篤麿《このえあつまろ》会長）に吸収された（『興亜会報告・亜細亜協会報告』全二巻、黒木彬文・鱒澤彰夫解説、不二出版、一九九三年）。

東邦協会

東邦協会は明治二十四年（一八九一）五月に設立された団体で、主として「東洋諸邦及び南洋諸島に関する講究」を事業目的とし、会頭に副島種臣を推戴した（最初は副会頭、翌年会頭）。

協会設立への動きは二十三年一月に遡る。この月、小沢豁郎《こざわかつろう》・福本誠・白井新太郎《しらいしんたろう》の三名が発起した。小沢が白井に謀り、画策中に福本が加わったという。

東邦協会の門札

右から東邦協会・帝国教育会・帝国教育会書籍館・伊学協会・ボアソナード文庫の門札が並ぶ.

小沢豁郎

小沢豁郎（一八五八～一九〇一）は、信州上諏訪出身。陸軍工兵少尉、参謀本部出仕を経て明治十七年（一八八四）清国に派遣、福州で情報活動に従事した。

白井新太郎

白井新太郎（一八六二～一九三二）は、会津出身。明治十一年に上京修学。岳父東次郎（政図《まさみち》）の芝罘《チーフー》領事赴任に従い渡清し、東（のち南部姓）の清国改造の志を助ける。著書に『社会極致論』がある。

福本誠

福本誠（一八五七～一九二一）は福岡出身。修猷館《しゅうゆうかん》に学び、上京して岡千仞に就いた。司法省法学校は退学。新聞『日本』記者。明治二十二年（一八八九）にフィリピンに渡るが、同志菅沼貞風《さだかぜ》の客死により帰国。号は日南、著書『元禄快挙録』で知られる。

東邦協会の設立

この三名は、小山正武・山口宗義・陸実《くがみのる》（羯南《かつなん》）・矢野文雄・箕浦勝人《みのうらかつんど》・久島《くしま》惇徳・小村寿太郎《じゅたろう》・斎藤修一郎・高橋健三らの賛同を得て、明治二十三年十一月五日、創立会議を東京星ケ岡茶寮で開き、十二月五日には九段富士見軒で議し、二十四年五月に仮事務所（東京市日本橋区両国吉川町）で発足、機関誌『東邦協会報告』（のち『東邦協会会報』）を発刊した。

副島は発起人三名と賛同者たちに推されて、まず監理者となり、設立時に会頭就任を懇望されたが辞退し、会頭空位のまま副会頭となり、翌二十五年（月不詳）に会頭を受諾した。以後三十八年一月の没時に及び、後任には副会頭の黒田長成《ながしげ》がなった。近衛篤麿副会頭は三十七年一月に死去しており、副会頭は加藤高明《たかあき》のみ残る。初代幹事長には稲垣満次郎が就任した。のち幹事に副島道正（種臣の子。明治二十～二十七年英国留学）も加わる。会員は政治家・官僚・財界人・言論人・学者・軍人・宗教家など、興亜会会員でもあった会員も少くない。

伊藤博文は先に興亜会副島会長の入会勧誘に応じなかった（一七八ページ）。三十三年二月八日の総会には来賓演説の予定が咽喉病で欠席。この時には東邦協会会員になっており、三十五年三月十四日の華族会館で総会後、伊藤の欧州帰国歓迎会を催す。副島の会頭辞意は通らなかった。

会員数

会員数は明治二十四年五月発足時の一〇二名から急増を続け、一時は一三〇〇人を越える（三十一年）。三十三年四月現在、東京会員四三四名、地方会員四八二名、沖縄はなく、台湾二五、韓国一一、清国三六（邦人二九）、シャム三、フィリピン一、西洋人二五、軍艦二五となっている。

機関誌に見る事業順序

『東邦協会報告』第一号に掲げた「東邦協会設置趣旨」と「東邦協会事業順序」のうち設置趣旨は、「東洋の先進を以て自任する日本帝国は近隣諸邦の近状を詳かにして実力を外部に張り、以て泰西諸邦と均衡を東洋に保つの計を講ぜざる可らず」と述べ、事業順序は、東洋諸邦および南洋諸島に関する講究の事項として、地理、商況、兵制、殖民、国交、近世史、統計を挙げた。さらに講究の資料蒐集、実地視察の探験員派遣、学館の設立、講談会の開催、書籍館または博物館の設置を挙げた。

講談会

講談会は「講究の結果を世人に示さんが為め講談会を開く可し」と目的・事業に規定した重要な会活動の一つであった。当初は第二土曜日午後一時より芝山内の大日本帝国水難救済会を会場とした。内容に関して「講談は会員一個の意見に止まる、協会全体の意見にあらず」とことわっている。明治二十五年九月には幹事の判断で公開とすることを定めた。会場は一ツ橋外帝国大学講義室、神田錦輝館、あるいは帝国教育会・東邦協会などを使用し、聴衆が数百名を超す盛会もあった。講談内容は原則として機関誌に掲載されている。

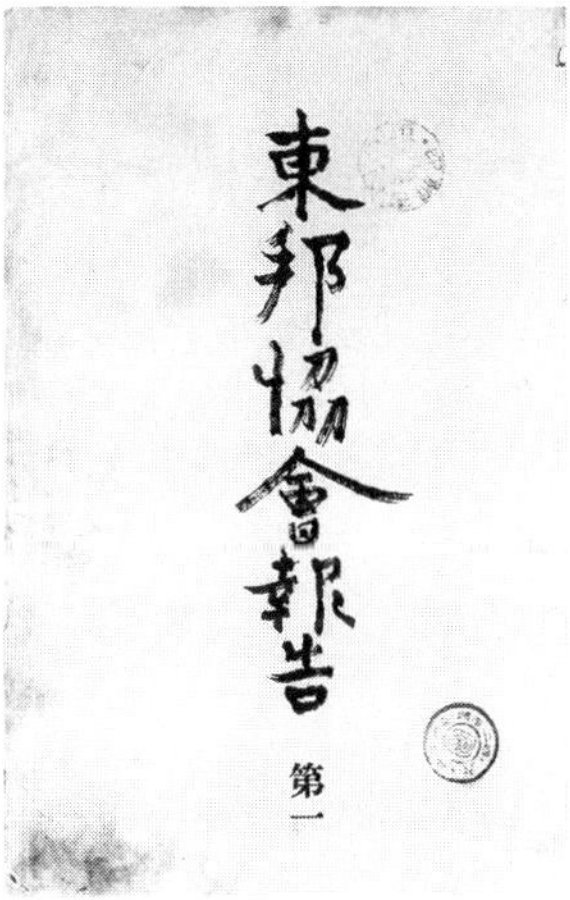

『東邦協会報告』第一号（表紙）
題字は，副島種臣によるものと思われる．

外国使臣との交流

明治二十八年三月二十四日、日清講和下関談判清国全権李鴻章の遭難負傷

に際して、三月三十日に副島会頭が親しく慰問し、李は同日（光緒二十一年三月五日）副島に復書を寄せている。翌年（明治二十九年）九月二十七日、副島会頭は横浜港内の船中に、渡欧帰国途中の李鴻章を訪問し、旧故の情を談じ、歓迎の意をこめて口号（口吟）を李中堂に贈った。

　保定天津識少筌　黒頭宰相赫威権　横浜今日重相見　皓首蓬婆両可憐

日本は上賓の礼で遇しようとしたが、李は馬関条約の恨みを銜《ふく》み、終身日本の地を履まずと誓い、船中に宿泊したというだけに、この交歓は特筆されよう。

清国公使招待では、明治二十九年二月五日、芝山内の紅葉館における招宴が、東邦協会（会頭副島種臣）と亜細亜協会（会頭榎本武揚）との共催で裕庚公使を迎えた。

なお、特別の招待でなく、常例で総会への案内があり、第一回総会（明治二十四年七月七日）には清国全権公使李経方と朝鮮国公使李鶴圭が来賓として祝辞を述べている。

明治二十六年五月、防穀令賠償交渉を遂げ、朝鮮から帰国した大石正己《まさみ》弁理公使の歓迎会を六月十七日に帝国ホテルで催し、副島会頭は大石公使による「国権の愛護」を賞誉した。

大石正己と福島安正

福島安正《やすまさ》陸軍歩兵中佐は単騎シベリアを横断し、明治二十六年六月二十九日に東京に帰着し、市民の盛大な歓迎を受けた。東邦協会では前年十二月高橋健三・肝付兼行《きもつきかねゆき》を歓迎会事務委員に選任し準備していた。当日上野式場において東京地学協会を代表した榎本武揚に次いで、副島が東邦協会総代人として、「櫛風沐雨、十六閲月」の労をねぎらった。福島中佐の東邦協会講談会での「大陸旅行談」（二十七年四月二十九日）は協会機関誌『報告』三六に掲載されている。

外国人では、明治二十九年四月、英国前海軍大臣スペンサー（J. P. Spencer）を帝国ホテルに招待した。また三十二年一月に来日した英国下院議員・海軍少将ベレスフォード卿（日英独米四国同盟の主張者）の歓迎会を催した。

視察員の派遣

諸地方への探験員派遣では、創立早々の明治二十四年七月、朝鮮半島に金田楢太郎を派遣した（探検結果は『報告』九に掲載）。二十七年六月十一日、日清間緊張の形勢に、臨時評議員会で福本誠の朝鮮派遣が決定したが経費支出に悩んだ。その時、副島は協会への賜金を国家有用の挙に使うのは至当の事と議を建て、この英断により派遣経費を賄えたという（二十六年四月二十四日東邦協会に恩賜金一〇〇〇円下賜。『明治天皇紀』八）。

福本は六月十三日に東京を発ち、前夜荒尾精《せい》と会い、岡本柳之助らと同行し、六月二十九日に京城に入る。仁川から寄せた特派視察委員報告「戎軒録」は、七月の『報告』

三八に載った。

遼東半島では、白井新太郎が日清講和も近い明治二十八年二月五日に宇品を発し、金州を経由し貔子窩で金鉱を探査し、「占領地は充分価値あるものと確認」した（大本営副官宛書簡）。

ウラジオストクに渡航する会員の稲益一義は浦潮通信員を嘱託され、同地に常駐し明治十五年夏「浦潮通信」を寄せた（『報告』一四〜一六）。稲益は杉浦重剛《じゅうごう》門下の士という。南洋に赴く高橋昌にはニューカレドニアの調査を依頼した（明治二十六年講演）。

建議

事業順序には含まれていないが、いく度か当局に建議を提出している。

外交文書の公示

「外交文書公示の必要」の建議　明治二十四年十二月十九日

これは東邦協会としての建議ではないが、第二帝国議会において衆議院議員の箕浦勝人・武富時敏《たけとみときとし》・三崎亀之助・大東義徹が提出した建議案で、この四名および賛成者として名を列ねた議員板倉中・尾崎行雄・松田正久・石田貫之助ほか三一名の多くが会員であった。衆議院は十二月二十五日に解散され、この建議案も結果を見ずに終わった。全文は『報告』七に掲載された。外交文書公示の効果を次のように列挙している。

第一　外交の智識を啓沃、

第二　外交家の技倆を涵養、
第三　当局者の判断を裨補、
第四　誤聞の伝播を杜絶、
第五　空論の流行を排除、
第六　功績の湮滅を予防、

諸外国における公刊（「青冊」ブルーブックなど）の例を引き、外交文書の編纂刊行を要望した。『大日本外交文書』の刊行ははるか後年の昭和十一年（一九三六）になる。

シャム国との修好ほか

副島会頭の名で提出された建議は、「日露英米四ケ国会議を我帝都に開き以て北太平洋漁猟聯合条約を締結す可きの議」（明治二十六年九月三十日、内閣総理大臣伊藤博文宛）ほか、二十八年十一月にはシャム国との修好、東方問題関係各国各地との修好、マニラ領事館再置の三建議を伊藤首相・西園寺公望《さいおんじきんもち》外相に提出している。シャム国との条約は三十年二月調印され、稲垣満次郎が赴任した（弁理公使のち全権公使）。

ロシア語学校

東邦協会附属私立露西亜語学校は、明治二十五年一月十一日、東京市神田区錦町三丁目に開校した。速成を主とし、本科二年・研究科一年の夜間授業で月謝一円（協会会員半額）であった。校長は高橋健三、教員は市川文吉・古川恒一郎（幹事）・藤堂紫朗《とうどうしろう》がいた。

副島は西徳二郎《とくじろう》とともに評議員をつとめた。市川は幕府露国留学生で残留し、明治七年に帰国。東京外国語学校魯語科教師、駐露公使館在勤、黒田清隆の欧米巡遊に随行するが、二十年に帰国した後は官途に就いていない。

ロシア代理公使は本校創立の挙を悦び、一月十九日に学校を訪問し、高橋校長に尽力を約束したという。四月十日、神田の大火で校舎焼失のため、駿河台の成立学舎に仮教室を借用するという災難にも遭ったが、生徒は開校約二ヵ月で七八名になり、鳥谷部銑《とやべせん》太郎《たろう》（春汀《しゅんてい》）の名も見える。当時ロシア語の需要は「目前に近効を見ず」、満二年の明治二十七年一月二十日、卒業生は四名（受験者八名）であった。卒業式に臨んだ副島は、学校建立の趣旨と国家万年の長計を説いた。藤堂紫朗は二十八年四月開校の東洋語学校の露語教師にもなる。

なお、明治四十三年一月に東邦協会付属専門学校朝鮮語科生徒二名が、同会員本田存とともに、韓国十三道民衆代表謝罪使二名を伊藤博文の墓地に案内したという記事が新聞に掲載されている（『東京朝日新聞』四十三年一月八日）。これによれば、朝鮮語の授業もおこなわれたようである。

支那調査会

明治三十二年九月二十八日、懇親会の席上、福本誠は支那調査会の設立を提唱し、満場一致で議決された。福本らは準備委員となり設立を進め、十月十三日には偕楽園に準備委員三十余名を招待した。副島会頭は自分は老体なので委員長には黒田長成副会頭を煩わすと一言あり、稲垣幹事長の提議により、黒田委員長は榎本武揚・曽我祐準《すけなり》・福本の三人を常務委員に指名し、商工業団体などや個人に寄付を募り、中国に関する編纂と探検を二大事業とした。

出版事業

支那調査会編『支那通商』(文献社、明治三十四年六月発行、八三三頁、一冊)により、本会の活動と具体的成果を知ることができる。

なお、同年十二月の『会報』八二号は孫文逸仙稿「支那保全分割合論」を掲載している。

東邦協会発行図書のうち、副島が序文を寄せているのは、①菅沼貞風『人日本商業史』、②大庭寛『朝鮮論』、③マハン・水交社訳『海上権力史論』、④佐藤宏『支那新論』、題字が⑤田中萃一郎『東邦近世史』、校閲題字が⑥曽根俊虎『清国近世乱誌』である。

東邦協会と副島会頭

東邦協会は各界の有力会員多数を擁し、明治後半から大正初期にかけて、「東南洋」の調査研究に努め、日本の膨張発展期に国策の背後で役割を果たした。

協会に余生を捧げる

副島は会頭に推され東邦協会のために尽力し、外部には協会の存在を重からしめた。

総会をはじめ月二回の評議員会にほとんど毎回出席し、内相在任中でも欠席していない。松方内閣の閣僚（内相）であった短期間（明治二十五年三月〜六月）を除いては、枢密院《すうみついん》の比較的閑職にあった副島にとって、協会会頭の任は適所を得たもので、余生を捧げる甲斐があったことと推察される。もっとも晩年には健康上からも辞意を表明しながら、慰留されて明治三十八年（一九〇五）没時に及んだのである。副島亡きあとも十年ほど、協会は活動を持続し、伯爵松浦厚《まつらあつし》の物心両面の後援もあって、大正初年まで命脈を保った。

協会の性格

副島逝いて五年余の明治四十三年（一九一〇）四月六日、第七回総会席上、大隈重信は演説で「顧みれば此の東邦協会は世間から誤解せられて、大いなる野心を持って居ると認められたこともある様である」と述べたが、この頃すで東邦協会は活気に乏しく、余喘《よぜん》を保つの観があった。当初もっぱら「東南洋」への関心と志向をもって活動した東邦協会は、第一次世界大戦（一九一四〜一九一九）の結果、日本が南洋群島を委任統治下に置き、南洋協会が発足するのと前後して、その姿を見失わせることになった。

活動と評価

東邦協会は大正三年（一九一四）三月十四日築地精養軒で「故正副会頭追悼会」を催し百四十余名が出席した。副島没後九年、近衛篤麿没後十年に当たる。黒田会頭式辞に次ぎ、白鳥庫吉《くらきち》・村田保・中村純九郎・大隈重信・松浦厚・加藤高明・肝付兼行ら九人が演説した。大隈は副島の外交はおおむね『春秋』に基づくが、国際法上のことも熱心に研究したと評した。東邦問題が急を告げ、中国は土崩瓦解の有様であるのに、東邦協会が近来振わず、「近衛公・副島伯の霊に恥じる次第」と述べ、会員に奮起を促した（『会報』二二七）。

副島と菅実秀

副島は明治二十四年（一八九一）と二十五年の二度庄内を訪ねている。

東北戦争で降伏した庄内藩は鶴岡に入城した越後口参謀黒田清隆の寛大な措置の背後にあった西郷隆盛に恩義を感じ、明治三年前藩主酒井忠篤《ただずみ》は家人数十人を鹿児島に連れ西郷の指導を仰いだ。

『南洲翁遺訓』に序文を執筆

庄内藩（大泉藩と改む）の重役として新政府との折衝に努めた菅実秀《すげさねひで》（臥牛。一八三〇～一九〇三）は、後年（明治二十年）富田利謄（善四郎）・黒崎馨（与八郎、研堂）とともに、副島（宮内省御用掛侍講）を訪ねて教えを受けている。菅はさらに『南洲翁遺訓』を編集させ、副島に序文を請うた。二十三年遺訓が上梓されると、忠篤は家扶らに全国行脚で広めさせた。

金銭的困窮を救われる

富田は忠宝の家扶と二人で本を携え東京に着くと真っ先に副島邸を訪ね遺訓を呈した。ところが副島は意気消沈の様子であり、訳を尋ねると、実は前に副島家で書生をしていた男から、佐賀の鉱山を購入したいと持ち込まれ、二万円の保証人になったが、鉱山は失敗に帰し、返済に困窮しているという。同情した富田はこの話を菅に相談するように勧めた。そこで副島は別室に去り、二時間ほどして菅宛の書面一通を書き上げ、富田に託した。「僕近頃貧の病あり」とする手紙に接すると、菅は酒井家に相談して二万円（一万円とも）を副島に贈呈した。

庄内訪問

副島はその礼のため明治二十四年八月庄内を訪問した。書生の中村純九郎を伴い、土産に秘蔵の名刀書画の掛物など沢山持参しての旅行であった。旧藩主兄弟は鶴岡を離れる五里余の清川村まで出迎えた。副島は酒井邸において詩経を講義し、門下生を主に数十名が聴講した。旅館に投宿十一日の間に、鶴岡近郊湯田川温泉に招待された。この席に参加した旧藩老臣らの一人から「楠木正成《くすのきまさしげ》と諸葛孔明《しょかつこうめい》とはどちらが偉いか」と奇問を呈されて一言もせず破顔苦笑で答えるのみであったという。

二　内務大臣

内閣制度

内閣制度の発足（明治十八年）以来、初代伊藤博文《ひろぶみ》（長州）、二代黒田清隆《きよたか》（薩摩）、三代山県有朋《やまがたありとも》（長州）に次いで松方正義《まつかたまさよし》（薩摩）が第四代内閣を組織した。この間、黒田内閣が明治二十二年（一八八九）の大日本帝国憲法発布に、山県内閣が二十三年の帝国議会開設に当っている。

第一次松方正義内閣

第一議会を乗り切った山県首相は二十四年四月九日に辞意を表明した。後継首相は伊藤・西郷《さいごう》従道《つぐみち》《じゅうどう》が固辞し、結局松方が諸元老の後援を条件に受諾し、大命降下を受けたのは五月六日のことであった。松方内閣成立五日後の五月十一日には大津事件が突発した。このため西郷内相・青木周蔵《しゅうぞう》外相が引責辞職した。異動が一段落した明治二十四年六月一日現在の内閣構成は以下のとおりである（内相のみ、以後の異動を示す）。

総理　松方正義
外務　榎本武揚《たけあき》
内務　品川弥二郎《やじろう》（のち二十五年三月十一日副島種臣、同年七月十四日河野敏鎌）
大蔵　松方正義（兼任）
陸軍　高島鞆之助《とものすけ》
海軍　樺山資紀《かばやますけのり》
司法　田中不二麿《ふじまろ》
文部　大木喬任《たかとう》

農商務　陸奥宗光《むつむねみつ》
逓　信　後藤象二郎《しょうじろう》

松方内閣は世に「黒幕内閣」とよばれた。伊藤・山県・黒田・西郷・井上馨《かおる》らの元《げん》勲《くん》が背後で操るという意味で、事あるごとに黒幕に相談したからであった。

第二議会

明治二十四年十一月に開かれた第二帝国議会で、衆議院予算委員会は政府提出予算案の一割近い七九四万余円を減額した。本会議で樺山海相は海軍予算削減を「蛮勇演説」をもって非難し、薩長藩閥の功績を強調し、民党を憤激させた。政府は十二月二十五日に初の衆議院解散を断行し、予算案は不成立となり、重要法案も審議未了に終わった。

選挙干渉

第二回総選挙は明治二十五年二月十五日に政府の厳しい干渉のもとで実施されたが、民党側が勝利した。選挙干渉は品川弥二郎内相と白根専一《しらねせんいち》内務次官の指揮下に、府県知事・官吏・警察官らを動員したが、死者二五名を出した干渉の事態が判明するにつれ、政府内外に批判を生じた。伊藤博文枢密院《すうみついん》議長は、自分の警告を顧みず干渉を断行し流血の惨事を招いた失態を非難し、二月二十三日の元老会議当日に辞表を奉呈した（却下される）。

内相の引責辞任

閣内では、陸奥・後藤両相が品川内相の責任を追及し、ついに品川内相は責を負って三月十一日に辞任した。内務大臣が職責上の責任をとって辞職するのは、これまで例がなかったことである（『内務省史』第一巻）。また、先に選挙干渉に反対した農商務大臣陸奥宗光も三月十四日に辞任し、河野敏鎌《こうのとがま》が後任となった。

副島内務大臣の就任

明治二十五年三月十一日、副島は辞任した品川に代って、枢密院副議長から転じて内務大臣に就任した。次官は前内閣以来の白根専一であった。松方・元老・大臣らは井上馨を内相に推したが固辞された。また伊藤博文起用説も消えた。そこで松方内閣は副島の信望と人格に危局への対処を期待したのであろう。

しかし、天皇は副島の内相任命を「不可」とし、副島はすでに老齢（六十五歳）であり劇職に堪えず、もし中途辞職して、枢密顧問官に再任もできず、民間に下るようなことがあれば、また不平の言を放ち、第二の谷干城《たてき》にならないとは保し難く、年歯なお壮んな河野敏鎌に代えてはどうかと松方首相を諭した。結局、当今副島を差し置いて内務の重責に任じ得る者は他にいないとして固く奏請し、聴許された（『明治天皇紀』八）。副島内相は選挙干渉事件の後始末に努め、民党の意見を取捨し、官民間の調和を図った。

独医師ベルツの副島評

ドイツ人医学者で宮内省侍医のベルツは、副島は上品な老人で、よい意味における「昔風の日本人」であり、骨の髄まで「ジェントルマン」だが、特に外国人に好意をも

ベルツ

っているほうではない。副島なら、いかに口論好きの急進派でも食ってかかりはしないだろう、と評している。ベルツは明治十四年（一八八一）五月、副島から息子の診察を求められ、時の日記にも「威厳のある高貴な外貌の人」としていた（『ベルツの日記』菅沼龍太郎訳、岩波文庫）。

第三議会

明治二十五年五月六日、第三議会が開かれると、貴族院・衆議院とも政府の選挙干渉を非難した決議案を可決し、民党は松方内閣の総辞職を要求した。政府は七日間の議会停会で対抗した。

岐阜・愛知両県震災救済費

再開後、事後承諾を求める案件のなかに岐阜・愛知両県震災（濃尾《のうび》大地震）救済費の支出があった。本件に関する山田東次の質問に対して、副島内相は民党の要請に応じ、官吏を両県に派出して実地を調査させた上、五月三十一日に議場で議員の質問に答えることにした。しかし白根次官はあくまでこれに反対し、実地調査説を排し、閣議も白根説をとって派遣は見合わせとなり、副島内相の答弁は取り止め、答弁書の提出に止められた。

次官白根専一との対立により辞任

ここに至り副島内相と内務省の実力者白根次官の対立は表面化した。後藤逓相は副島を支持して白根次官処分を主張し、白根は樺山海相や品川前内相らの後押しを得て強硬という、政府部内の対立を見る事態に、松方首相は困惑し、結局、辞意を漏らしている副島内相を説得し、六月八日に辞職させ、松方首相が内相を兼任した。副島の内相在任は三ヵ月に満たず、枢密顧問官に復帰した。第三議会は六月十五日に幕を閉じる。

議会での一喝

なお、内相在任中の議会で、議院側から選挙干渉に関する質問があった後、副島内相が壇上に現われると、果たしてどういう答弁をするかと固唾を呑むうちに、例の如く両手を組み双肩を揺がしながら、「維《これ》戎《じゅう》維《これ》狄《てき》」と一喝した。議員連中には何の事だか分からず、あっけにとられるばかりであったという。戎狄とは「えびす」であり、『書経』の一句に基づくが、一説に「謹んで昌言を拝す」と言っただけともいう。いずれにせよ極めて時代離れしたものだったに相違ない（『日本及日本人』）。

松方首相の退陣

副島の没時、『東京朝日新聞』は「一時内務大臣たりし事あれども、蓋《けだ》し事の間違ひなり」（二月六日）とした。松方内閣も長くは続かず、副島辞任後ちょうど二ヵ月で退陣する。

内務省人事

六月一日に田中不二麿が法相に起用されたが（山田顕義《あきよし》の後任）、いわゆる司法官弄花問題で六月二十三日に辞任し、農商務相河野敏鎌が法相を兼任した。ついで七月十四日に佐野常民が農商務相に就任し、河野が内相となり、松方の内相兼任は解かれた。河野内相は就任翌日の七月十五日、選挙干渉の主導者白根次官を諭旨免官とし、県知事ら数名の転免を断行した。これに反発した高島陸相・樺山海相の辞表提出（七月二十七日）を見るにおよび、松方首相自身も七月三十日に余儀なく辞表を提出するに至る（『大日本憲政史』三）。

第二次伊藤内閣

よって伊藤・山県・黒田・井上・大山巌《いわお》・山田らが協議の末、伊藤が元勲総出を条件に組閣を受諾し、八月八日に第二次伊藤内閣が成立した。副島は枢密顧問官に再任される。

三　枢密顧問官

枢密院設置と顧問官任命

明治二十一年四月三十日に枢密院が天皇の最高諮問機関として設置され、副島は枢密顧問官に任命された。同時に任命されたのは、川村純義《すみよし》・福岡孝弟《たかちか》・佐佐木高行・寺島《てらじま》宗則《むねのり》・佐野常民・品川弥二郎・勝安芳《やすよし》（海舟《かいしゅう》）・河野敏鎌・（以下兼任）大木喬任・東《ひがし》久世《くぜ》通禧《みちとみ》・吉井友実《ともざね》の十一名である。

副島の出席状況

枢密院は五月八日に開院した。皇室典範《てんぱん》および大日本帝国憲法草案の逐条審議を七月十三日に終わるまで副島は皆勤であった。以後、議院法の審議でも同様だが、十一月以降は欠席の日もあった。のち明治三十一年六月から翌々年にかけては三回、五回と続けての欠席が混じる。三十五年七月からは欠席が続き、三十七年一月二十日が最後の出席となり、在任は翌年一月の没時に至る。この間、二十四年九月から内務大臣に就任する二十五年三月までは副議長をつとめた（議長は伊藤博文）。

条約改正と枢密院

明治二十二年十月十六日、枢密院《すうみついん》副議長寺島宗則・枢密顧問官佐佐木高行・同副島種臣は拝謁して、条約改正の議を速やかに枢密院に諮詢されるよう奏請した。

大隈重信の改正談判

大隈重信は伊藤内閣から黒田内閣にかけての外

枢密院会議室

相在任中、鋭意条約改正に取り組み、明治二十一年十一月陸奥宗光駐米公使によりメキシコ国と対等条約を結び、国別交渉により米・独・露の三国とは調印にまで運んだ。しかし外国人法官任用などを含む大隈案の内容が英紙に漏洩し、新聞『日本』が訳載すると、各方面から非難の声が上がった。二十二年九月に学習院長三浦梧楼《ごろう》が参内し条約中止の議を天皇に直奏したのは、谷干城《たてき》・鳥尾小弥太・西村茂樹らと結び、奔走につとめた末の手段であった。内閣会議は十月十五日に親臨開催されたが、黒田首相は大隈を支持し、あくまで改正断行の姿勢を崩さず、会議は決定に至らなかった。

枢密院への諮詢を奏請

この日（十月十五日）顧問官十余名が枢密院に集まった。前記の寺島・佐佐木・副島に大木・川村純義・吉井・土方・福岡・佐野・吉田清成・鳥尾・河野・元田らで、速やかに内閣会議を開き、条約改正の可否を決し、中止・断行の議を定め、枢密院に諮詢あるよう奏請することになった。まず黒田総理に建言するのが順序とする意見もあったが、「首相は近日門を杜《と》じて客を謝絶し、耳を公論に傾けず、時勢すでに迫る、速やかに事を奏して聖裁を仰ぐのほか道なし」と、衆議これに決し、総代を選び奏請することになった。

改正案否決の情勢

こうして十月十六日に三顧問官の参内拝謁となり、御座所で寺島・副島はこもごも条約改正が国権の消長に深く関与するので、改正の業は一に外務大臣大隈の「詐術に係れることを」説き、顧問官たちへの諮詢が急がれた。佐佐木も首相に言わず、直奏するという事の順逆を失する次第には、前記のような黒田の態度を述べて弁じた。天皇は、「直言を嘉し、温容以て二人をして言を尽さしめたまふ、宗則等大に感激して退出す」という（『明治天皇紀』七）。

大隈遭難と改正談判中止

十八日、大隈外相は閣議後官邸への帰途、外務省門前で壮士来島恒喜（元玄洋社。自決）に爆弾を投ぜられ重傷を負う。十九日、臨時閣議はとりあえず条約改正談判中止に決した。二十四日に黒田首相は大隈外相を除く全閣僚の辞表をまとめ、参内奉呈した。二十五日、黒田首相罷免。三条内大臣に総理大臣兼任を命じた（大隈の辞表は十二月十四日に提出された）。

条約改正に反対して伊藤枢密院議長は、再度辞表を提出していたが、十月二十日聴許され宮中顧問官に転じた（後任の枢密院議長は大木喬任）。改正談判は次の山県内閣で青木周蔵外相が引き継ぐことになる。

顧問官としての発言

副島の顧問官としての発言回数は多くなく、かつ長くない。議長代理を務めたこともある（「戒厳宣告ノ件」二十七年十月二日午前十時四十分開会、同五十五分閉会）。

清国人取扱規則に関する発言

他顧問官の意見への賛成表明などは別として、発言は何度かある中で、明治三十二年七月二十一日の第一読会における「条約若《もしく》ハ慣行ニ依リ居住ノ自由ヲ有セサル外国人ノ居住及営業等ニ関スル件」についての発言は最もまとまったものと見られるので、やや長いが全文引用する（『枢密院会議議事録』八。片仮名を平仮名とし読点・濁点をつけた）。

副島種臣
（明治27年,『蒼海遺稿』より）

十九番（副島）　本官は大体に付て一言述べたし、労働者制裁の事に付ては、従来日本の労働者も外国に行き、外国より往々拒絶されたることあり、之に対して我国民は糠慨《こうがい》悲憤せり、加那陀《カナダ》にては此の情を酌み取り、尚英国の政策として日本労働者を寛《ゆるや》かに取扱ふこととなりたるが如《ごと》し、

然《しか》るに今回我国に於て清国人等の労働者に制裁を付し拒絶せんとせば、此の後外国に於て我労働者を拒絶せんとする場合に、何の言を以て之に対せんとするや、

且《かつ》日本の政策として彼の三国干渉以来、外柔にして内剛なる政策を執り来りたり、

清国人を懐柔して日本に対する信用敬愛を得ば、以て商業上の利益を獲べく、又已《や》むを得ず鹿を中原に逐ふに当ては、彼の民箪食壺漿《たんしこしょう》して王の師を迎ふるに至るべし、此《かく》の如く為《な》さんとせば、開放主義を採らざるべからず、一時の取締のみに注目せず、全体の事を考へられては如何《いかが》かと思ふ、

清国人は中々侮《あなど》り難きものなり、先年三菱会社の郵船にて一清国人の荷物を粗漏に取扱ひたることあり、此清国人檄《げき》を同国人間に伝ふるや、数箇月間一人の清国人の三菱郵船に乗り込み又は荷物を托する者なきに至りしと聞けり、

本問題の如きは篤《とく》と思考せざるべからず、法文は外国人は云云と規定するを以て、一見すれば穏にして清国人のみを指さざるか如しと雖《いえど》も、事実に於ては清国人の労働者を拒絶するものなり、本官は前述の理由に依り、開放主義を採られんことを望む

以上、副島らしく漢語の字句をまじえるが、「鹿を中原（に逐う）」は帝位・政権を争うことであり、「箪食壺漿」は飲食物を備えて民衆が軍隊を歓迎することをいう。

清国人取扱規則の改正

日清戦争の開戦後、敵国人となった日本居留の清国人に対して、日本政府は無条約人の扱いとし、明治二十七年八月四日発布の勅令第百三十七号により、居住地において登

録し「平和適法の職業に従事」することを認めたが、居住営業などの自由を有しなかった。この戦時法的性格の勅令は講和後も存続し、明治三十年中、内務省でこれに代わる清国人取扱規則を立案したが実現せず、今回の勅令第三百五十二号に至った。外国人は条約もしくは慣行により居住の自由を有しない者でも、従前の居留地および雑居地以外における居住・移転・営業などの行為を認めるが、労働者と行商は行政官庁の許可を必要とする。勅令第百三十七号は廃止するというもので、「外国人」としたが、事実は清国人を対象としている。

副島の開放主義

副島のほかに開放主義を採るのは大鳥圭介《けいすけ》顧問官で、日清戦後に清国が日本へ留学生を送り出している事実に留意を促し、労働者の入来に制限を加えるのは杞憂に過ぎないと説いたのであった（岩壁義光「日清戦争と居留清国人問題」『法政史学』三六号、一九八四年）。

第八　晩年の蒼海伯

一　日露戦時下の死去

日露開戦

副島が内務大臣を辞めたのが六十五歳（明治二十五年〈一八九二〉）、それから七十八歳（明治三十八年）で没するまでの約十三年のうち、日露戦争は最晩年の出来事であった。日露開戦三ヵ月前、世間は硬論・軟論が飛び交っていた。副島は持病のリュウマチスに悩みながらも論じた。露国の戦意については、まず極東総督アレキシーフの人物如何を見なければならぬ、自分の見る論はほかの元老諸公と相違する、この時この機に臨んで、「宜しく断の一字あるのみ」と、辞色すこぶる厳なるものがあったという。これは、『明治功臣録』玄で紹介されている逸話だが、この「断の一字あるのみ」を枢密院で唱えたともいうが、議事録に載らない会議外の席での発言であろう。

断の一字あるのみ

主戦論者の面目

枢密院最後の出席は明治三十七年一月二十日で、二月八日に開戦となるや、家人に号

副島種臣
（明治37年,『蒼海遺稿』より）

外をことごとく買い集めさせ、居間の壁に張り付けた。旅順の二百三高地の激戦で女婿枝吉歌麿少佐戦死との報に接した時、開戦前の主戦論者副島は、これで世間に対して顔向けできると語るのであった。

旅順陥落に詩を賦す

開戦後には、先にロシアからもらった勲章を孫の玩具に与えたという。明治三十八年一月一日に旅順要塞が陥落した。副島は三日朝に次の詩を賦し、「乙巳元日臣副島種臣拝草」と署した。

天皇覧賀御楓宸　　天皇覧賀　楓宸（天子の宮殿）に御す
万戸旗竿昇旭新　　万戸の旗竿　昇旭新たなり
此日敵人納降至　　此日敵人　降を納れて至る
由来元旦是佳辰　　由来元旦は是れ佳辰

死去

副島は日頃健康で、七十五歳の時、軽い運動麻痺と言語渋滞があったが、一ヵ月で全快した。しかし筆を持つと右手が震える。喜寿も元気に迎えたが、明治三十八年（一九〇五）一月三十日、突然頭痛痙攣に襲われ、右半身が麻痺し人事不省に陥った。病気危篤に際して、天皇・皇后より菓子一折を賜わり、旭日桐花大綬章授与の沙汰があった。三十日夜遅く、脳出血のため死去した（発喪は三十一日とされた）。享年七十八歳（数え年）。天皇・皇后から祭資金各五〇〇〇円が下賜され、葬儀当日（二月六日）侍従《じじゅう》片岡利和を副島邸に遣わし幣帛を賜わる。

葬儀

新聞には親戚三人と友人大隈重信の連名で死去を広告した。

二月六日午後一時、葬儀。東京府豊多摩郡千駄ケ谷村原宿の副島邸を出棺し、遺言の通り力士たちが常陸山《ひたちやま》の指揮で柩を担いだ。貴顕高官はじめ多数の人々の行列が続き、先頭が青山墓地に着いても、後の方はまだ家を離れていなかったという。葬儀は神葬式により執行され、青山墓地の副島家墓所に葬られたが、のち出身地佐賀市内の高伝寺境内にも墓が建立され、友人で肥前小城《ひぜんおぎ》出身の書家中林梧竹（一八二七〜一九一三）の筆により「伯爵副島種臣先生墓」と刻まれた。

亡くなる一週間前に、葬儀は質素に、墓は木標に「副島種臣之墓」と書くようにと、家人に世間話のように語ったのが遺言のようになった。

新聞各紙は追悼記事を掲げ、なかでも『東京朝日新聞』は「副島伯逸事」を五回連載した。第二十一帝国議会中の衆議院において、二月三日に江藤新作議員の発議により弔詞を呈した。趣旨説明中に副島外交の功績とともに、三権分立の「政体」制定、民撰議院の公議主唱を加えた。同議員は設立建白に副島らと連署した江藤新平《しんぺい》の遺子である。

二　政治・社会論

副島種臣の政治論・社会論を、いくつかの手がかりによって窺うことにしたい。

1　『副島種臣君意見書評論』（明治十五～十六年）から

副島が平素子弟の質問に答えて論述したものを、女婿の諸岡孔一が聞き書きにまとめ、明治十五年（一八八二）八月『鹿児島新聞』一二八・一三〇・一三三号に分載した（「副島氏意見」）。これらを合わせ批評を加えたのが、中川澄の編輯による『副島種臣君意見書評論』（駸々堂、明治十六年五月）である。十編（一二七ページ）から成る内容を摘記すれば以下のようになる。

第一　政治の目的は蒙昧蛮野の俗を改め、文明善良の域に進むことにある。
第二　国家の発展には個人の自由権理を尊重す。人民の幸福安全は国家の幸福安全。
第三　政府の保護干渉は、社会の便益を保護して人々を自由ならしめるのを目的とす。
第四　租税を減ぜざるべからず。工・農・商・文部の諸省を廃止する。
第五　陸軍を民兵制とする。外交を対他不干渉とすれば、欧州のような兵備は不要。
第六　地主に対し小作人を保護す。国の立つ所は皆土地。一人一家の私有でなく共有。
第七　分頭税（頭割の人頭税）を主張。不足分は地租による。二重税、三重税を廃止。

『副島種臣君意見書評論』（表紙）

第八　国会議院の選挙法はできるだけ普通選挙とし、納税を参政権の資格としない。
第九　一局議院を説く。貴族院・上院は人民に不要。貴族・庶民とも斉《ひと》しく国民なり。
第十　王室の尊栄を侵す者は用捨なし。人民に仮にもト等社会・

上等社会の名称あるべからず。道義は天賦の自由。発言・出版の自由。自由主義と道義主義は不可分である。

「副島氏意見」全九項は、柳田泉「『副島種臣伝』の一章―その国家社会主義的思想―」（『我観』一四―一、一九三六年）に紹介され、のち丸山幹治『副島種臣伯』（みすずリプリント、一九八七年）の付録に、また柳田泉『随筆 明治文学1 政治篇・文学篇（東洋文庫741）』（平凡社、二〇〇五年）に収められた。

2 佐賀・開進会と東京・改進会

I 「開進会主義書」（明治十四〜十五年）から

明治十四年十月佐賀で開進会が発足し、副島の口述筆記を『東京日日新聞』（十五年三月二十四日）が「漸急折衷党とも」いうべきものかと評し「開進会主義書」を掲載した。以下にその一部を掲げる。

我輩ハ開進党ナリ蒙昧ヲ開キテ善良ニ進ムナリ凡事漸ニスベキアリ急ニスベキアリ一途ニ拘ルベカラズ漸ニスベキトキハ則漸ニスルヲ以テ漸進党ト謂レテモ可ナラン風俗教化ノ如キハ漸ヲ以テ成ルモノナリ更革ノ際ハ急激ニスルコトモアルベシ急進

過激党ト謂レテモ不可ナラズ……夫《ソレ》人生ルル時ヨリ国民ノ名ヲ被ラザルハナシ宜ク亦選挙被選挙ノ権ヲ有スベキナリ此理ヲ以テセバ社会党ナリ我国アリテヨリ君父アリ栄貴ノ二字ヲ君父ニ譲ルゾ忠孝ノ本意ナレ斯クテハ王党トアルモ何ノ不可カ之有ン道義ヲ以テ起チ道義ヲ以テ処ル我道義ハ天ノ賦スル儘ノ自由ナリ仁ニ当テハ師ニサヘモ譲ラズ純然タル自由党ナリ此数党備テ而後ニ開進党ナリ偏言偏行ハ完璧ニ非ルナリ且我輩之ヲ観ル王者党ナシ決ヲ多数ニ取ル苟モ此義ヲ推セバ天下ノ公道成ル

Ⅱ　「改進会約書」と「改進会ノ心得」

明治十五年五月十二日、『朝野新聞』に「改進会約書」と「改進会ノ心得」が掲載された。改進会は副島が唱道する王党無偏無党に賛同する者の団体で、同月十日に副島会長ら四十名が東京で懇親会を催した。約書は佐賀開進会主義書とほぼ同文である。同じように副島を奉じながら、東京の改進会が副島の主義に基づく啓蒙団体といえるのに対し、佐賀改進会は政治結社として、のち九州改進党の結成に参加する（斎藤洋子『副島種臣と明治国家』第五章参照）。

3　「副島種臣建言書」（明治十五年）から

副島は明治十五年三月、天皇に命ぜられ、建言書を草しており、原本は所蔵不明だが、数種の写本が伝わっている。国立国会図書館憲政資料室「岩倉具視関係文書」の「副島種臣建言」は明治十五年四月二十一日とある。同室「元田永孚文書」の「副島種臣意見書」は「竝贈永孚附書（自筆）」とあり、「襍議」が漢文二〇行あり、本文（仮名交じり文）が続く。宮内庁書陵部所蔵の「副島種臣建言」二冊は同一で大正十年と同十年の写本である。前者に採集者の藤波言忠《ふじなみことただ》（臨時帝室編修局副総裁）は、「本書副島種臣建白ト題セルモ内容文章共ニ建白書ノ体ヲ備ヘズ」と記している。

本文の内容は「税ハ本備力ヨリ始マルモノト思ハレタリ」と書き出し、大別すれば、（一）税制、（二）選挙法、（三）地主と小作人について、（四）その他、となる。

「天下の社会を固ふせんかため」に選挙法を論じ、中等社会を重んじ下等社会を軽蔑するのは文明改進の論にあらずとし、「古の天子は社会党なり借地党の主義なり」という。

1～3項を通じて見られるように、副島の唱える「社会党」は、急進過激党から漸進党にいたるまで幅広く、融通無碍ともいえるが、往々極端な表現をとる傾きもある。

王土王民論に立脚する副島は、土地は天皇が所有するもので、人民は土地から生産されるものを所有するに過ぎず、明治二年の版籍奉還は列藩が土地を天皇へ奉還したとする。副島の「地券改正ノ議」は明治五年に実施した地券授与の制度を「失錯」とし、地券借与に改めよという。元田はこの副島意見を土台にして「地産券」論を草した。この年（明治十五年）一一月、皇室財産設定の意見書を閣議に提出した岩倉は、七月「地所名称更定」の意見を三条に呈したが、副島の意見の影響を認められよう（斎藤前掲書、第六章参照）。

4　樽井藤吉の東洋社会党を支援

社会運動家の樽井藤吉《たるいとうきち》（一八五〇～一九二二）は明治十五年五月二十五日、長崎県島原の江東寺で東洋社会党を結成した（七月には結社禁止となる）。諸岡正直（一八四四～一八九〇）は副島の妹の子、秘書格の門弟で、この時、島原に派遣された。田中惣五郎著『東洋社会党考』（鈴木正編、新泉社、一九七〇年）は樽井の自叙伝から引用する。

諸岡正直氏は元佐賀人なるが、其叔父副島種臣の命を含み、東京より来られ大いに社会主義を鼓吹せらるるや、予は大いに意志を強うせり。然も東洋の二字を削り、単に社会党と称すべく勧誘せられたるも、予は……依然東洋の二字を冠せしめたり、

東洋社会党結成への因子は大体五つ。（一）樽井の持つ社会主義的思想、（二）武富の与えた欧米の社会主義思想、（三）九州改進の余波―ブルジョア政党の簇生、（四）鍋島閑叟《かんそう》の徳政を継続せんとする農民群、（五）副島を背景とした諸岡正直らの支持、とされている。

江東寺（長崎県島原市）

武富時敏（一八五五～一九三八）も佐賀人。当時の新知識であった。武富によると明治十三、四年ころ副島はすでに社会主義的意見を蔵していたという（田中著三一ページ）。

三　逸　事

1　太政大臣の器

板垣退助の評価

板垣退助は副島こそ真に床の間に坐る人だ、あの人こそ太政大臣《だいじょうだいじん》たるべき人である、と褒めちぎっていたという（『巨人頭山満翁』三七一ページ）。しかし、そもそも副島は太政大臣を置くことに反対なのであった（三七ページ）。

2　威厳とハイカラ

外務卿時代の威厳

外務卿の当時、内閣で会議の時など、副島の靴音を聞くと、大臣参議たちが皆その容を改めたという。大久保利通《としみち》内務卿も省内で同様なことが伝えられている（『甲東逸話』）。

服　装

副島外務卿は早朝から必ずフロックコートを着用し、外出の時は鼠色の山高帽をかぶった。それは外国人が東洋に来るとぞんざいな略装にするのは、いわゆる有色人種を侮辱するものだとの考えからであった。副島を訪問する外国人は必ず服装を正すようになったという（副島道正「家庭の父を語る」）。平日も起床から就寝まで洋服で通し、椅子に掛け、「ハイカラの初まりは私である」と言う（「外交実歴談」）。

3　多忙の外務卿

門前市をなす

明治四年（一八七一）から七年ころまでが最も多忙で、内外人の来訪、食客門人の出入りなどで門前市をなし、未明から深更まで国事に専念して家事を顧る暇もなく、子供の誕生なども数日後になって知ったぐらいという。

外国交際のため、「初めて洋服を着たのも余、二頭曳の馬車を造ったのも余、ほか椅子の並べ方、絨毯の敷き方を始めたのも余」で、西洋の制度風俗を鋭意率先して採用したと自負している（「教育雑話」）。

4　衣食住の倹約質素

借家住まい

霞ヶ関の邸宅を売り払い、清国漫遊中、家族は烏森に借家住まいをしたが、帰国後十年ほどは、越前堀の陋屋《ろうおく》を借りて住んでいた。

高価な絹布を弁償

李経芳（李鴻章の子息）に揮毫《きごう》を頼まれた高価な絹布を、雨漏りのため台無しにしたこともあった。東京や京都では同じような品物がないので、仕方なく清国から取り寄せたという（『明治功臣録』）。

衣類などども、自分のものは四季の外出着が各一組、寝巻兼用の筒袖普段着一枚であり、火鉢に炭を手摑みでついでは、汚れた手を着物で拭くと言う具合であった。

食物は豆腐におから、ひじきに蒟蒻《こんにゃく》などが好物であり、煙草はさかんに喫したが、酒は嫌いであった。倹素の例として有名であったのが、来客の際の饗応は貴賤の別なく十銭弁当に決まっていたことである。茶だけは贅沢で、一斤七円くらいの茶を月二斤も用い、茶舗の主人を招いて茶を淹れさせることもあった。

衣類

食事と嗜好

5　寡欲恬淡

刀剣が非常に好きであり、廃刀令の出たころ、名刀が海外に流出するのを気遣い、鑑識の名人を連れて買い集めた。それで一時は長持二杯もあったが、乞われるままに人に与え残り少なくなっていたのを、日露戦争の外国観戦武官招待の席で一口ずつ贈って、日本精神を説明した。愛馬さえ気に入った佐賀出身の軍人に惜しげもなく与えている。

刀剣好き

6　牧場の経営と譲渡

牛の飼養

外務卿の時、外国使臣と交際のため、牛肉・牛乳の必要を感じたが、明治初年にはまだ牛肉屋が一二軒、牛乳屋も二三軒しかなく、皆粗悪で不良品が多いのを遺憾とした。そこで五〇〇円を投じて麻布に数千坪の土地を買い入れ七〇頭の牛を飼養した。しかし退職と同時にこれを無償で牧畜主任に譲渡し、その人の子孫が経営を続けることになった（「家庭の父を語る」）。

7　相　撲

大達関

力士が好きで、本場所の時には常に十数人の力士が出入りした。大関まで張った気骨稜々《りょうりょう》たる大達関《おおだて》（鶴岡）が贔屓にされて、三〇〇〇円もする化粧廻しを借金までして作ってもらった。

火事場の救援

明治十七年（一八八四）数寄屋町の大火で越前堀の借家も猛火に包まれたが、力士ら四十余名が馳せ参じ、二つの池を汲み干して危難を救ったという。葬式には力士に柩を担がせるようにとは遺言であった。葬儀当日の模様は既に記した。

8　神様とお話した先生

旧知の友今泉利春

幕府奥医師桂川甫周《ほしゅう》の娘今泉みねは、夫の今泉利春と副島とが親子兄弟のような間柄であったという。今泉は佐賀の人であり、副島を尊び、ともに王事に従い、維新後、佐賀藩少参事となっていた。

今泉みねの回想

みねの回想では、「先生はよく壁に向かって長い間だまって坐って居られて、今まで神様とお話をして居た——神官達のいふ神様ではないと言はれました。お宅の門をくぐりますと、先生をだまさうと思って行った人でも、一切を白状してしまいたくなる程先生は神様にお近いなどと皆でおうわさして居るのを聞きました」という（今泉みね『名ごりのゆめ』長崎書店、昭和一六年）。

9　漢詩と書風

中国詩人の驚嘆

副島は数多くの詩と書を残しているが、私はその作品を語る資格を欠いている。その詩作には中国の詩人を驚嘆措く能わざらしめたほどで、ある詩人が怪しみ問うたのに対して、「識明らかに気満つれば万事が一気呵成だ」と答えたという。

書もまた一字一字に全身全霊の力が籠もって人に迫る神品として、後世に評価が高まっている。同じような書風で書くのでなく、一点一点異なる書跡は余人の追随を許さない。詩人外の詩人であり、書家外の書家と評される。

10　遅筆を説く

副島は玄関番をしていた村松という男が手習いをしているのを後ろに立って見ていてこう助言した。

仮に村松という字なら、木扁を書く、木扁を書いて、村にするんだが、外のことは全部忘れて、木扁の一番初めの一の棒を、全心をこめて出来るだけ遅く、これより遅くは書けない位に遅く書く、今度は竪の棒を同じく気をこめて出来るだけ遅く書く、あとはそれに準じてやる……どんなに形が悪くても、少しぐらい歪んでも、それは後の問題だ……書く前にそんなことを思うんではない。

これは東京九段の書道用品の店平安堂の岡田久次郎の回想「蒼海先生の書を語る」にある挿話で、習字をしていたのは岡田の先輩であった。

佐賀県立美術館における没後一〇〇年記念展は「蒼海　副島種臣―全心の書―」と題

された（二〇〇六年、同展は東京・五島美術館でも開催）。

あとがき

まずもって、長い間の執筆遅延で日本歴史学会と出版社に迷惑をかけたことのお詫びを申し上げたい。ようやく出版にまで漕ぎ着けたが、副島種臣は到底私などの手に負えない人物であった。書跡・漢詩は豊富だが、日記・書簡などは乏しく、回顧談によりわずかに補われるに過ぎない。

本書では副島の足跡をたどることを専らとして、その内面にまでは立ち入っていない。清国漫遊時の経歴なども、点描の程度しか判明しない。この点、草森紳一氏（二〇〇八年没）による二度の連載は合計一〇五回にのぼり、副島周辺の人物と関連事項について、広く探索・詳説し、本書でも参考にした個所が少なくない。とくに清国からの一時帰国などに関して、依拠して恩恵を蒙っている。また『副島種臣全集』の編者島善高氏（早稲田大学教授）には多大の恩恵を蒙るとともに、先行研究『副島種臣と明治国家』の著者斎藤洋子氏（早稲田大学大学院社会科学総合学術院助教）から学び得た点も少くない。ともども感謝の意を表する次第である。

なお、閲覧などに関して、国立公文書館（内閣文庫）、国立国会図書館（憲政資料室）、宮内庁書陵部、外務省外交史料館、神奈川県立公文書館、日本近代文学館、東京大学人学院法学政治学研究科附属近代日本法政史料センター（明治新聞雑誌文庫）、法政大学図書館の諸館でお世話になった。

なお説き及べなかった事柄に関して、諸賢の教示を賜ることができれば幸いである。

副島家略系図

（名前の下の年次は没年）

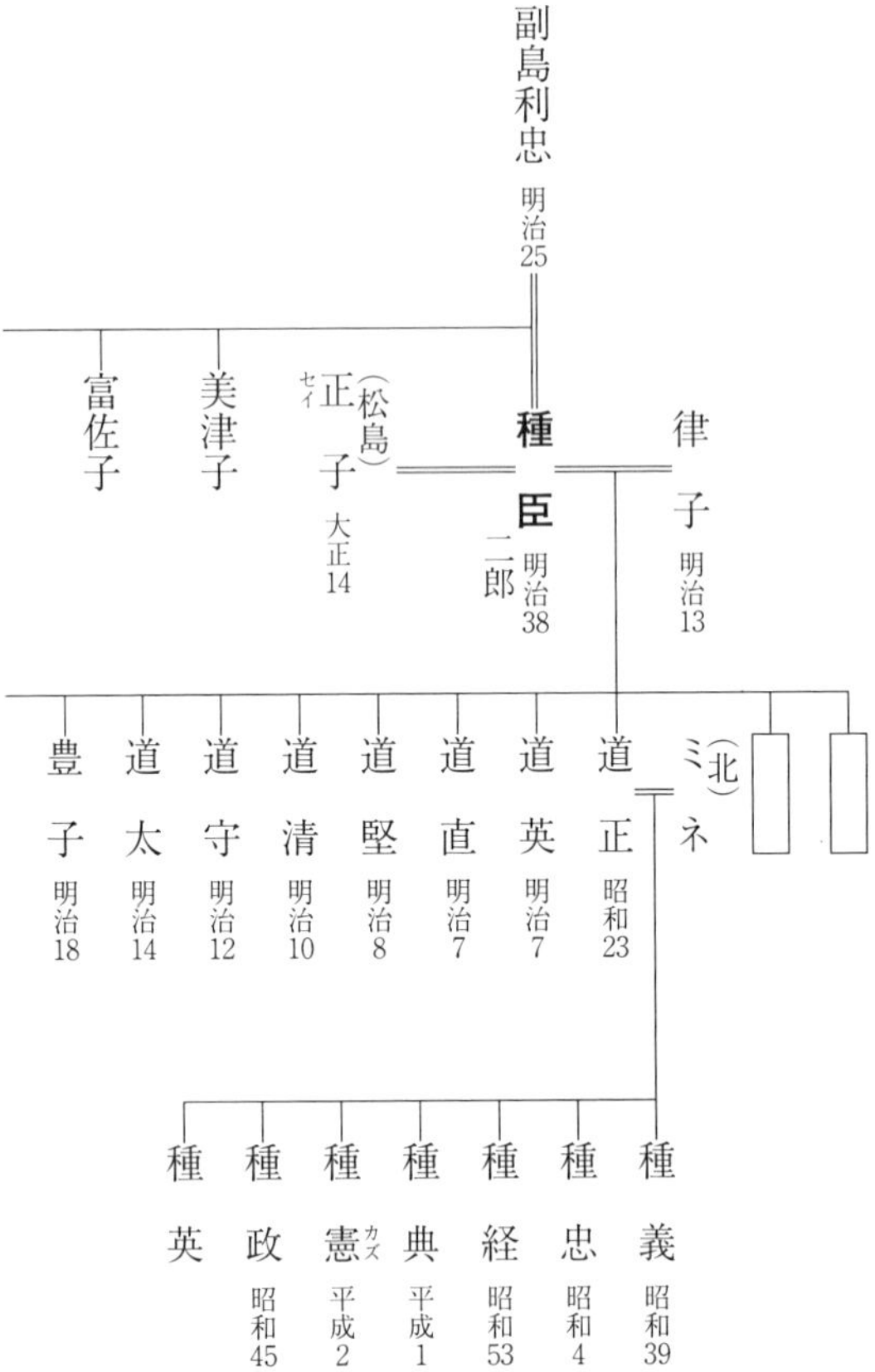

- 栄子（枝吉歌麿夫人）
- 妹 ＝ 諸岡順賢
  - 正道（正順、通義、孔一） ＝ 貞子（長女）
  - 鑑子

〈枝吉家〉

枝吉南濠（種彰）
- 神陽（経種） 文久2
  ‖
  歌麿（歌丸） 明治37 ＝ 栄子
  - 文種
  - 忠夫
  - 信夫
  - 勇夫（勇）
- 種臣
- 栄子

略年譜（改暦前は旧暦年月日、年齢は数え年）

年次	西暦	年齢	事蹟	参考事項
文政一一	一八二八	一	九月九日、肥前国佐賀（佐賀市鬼丸町）に出生、父枝吉忠左右衛門南濠（藩校弘道館教諭）、母喜勢は木原宣審女、二男。名は龍種、次郎、二郎、号は蒼海、一々学人	
天保三	一八三二	六	父南濠より四書・百家の素読を受ける	
嘉永元	一八四八	二一	弘道館内生寮首班（兄の枝吉神陽は同館教諭）	
嘉永三	一八五〇	二三	五月二四日、楠公義祭同盟（兄の枝吉神陽が主唱）に参加	
嘉永五	一八五二	二五	藩命により上洛して皇学を学び、尊王攘夷の志士と交わり、「日本一君論」を説く	
嘉永六	一八五三	二六	在京都	六月、米使ペリー浦賀来航
安政二	一八五五	二八	藩命により再び京都に上り、皇学研究のため三年間留学	
安政五	一八五八	三一	一月、一応帰国、楠公義祭に列す○京都に上り公家大原重徳に将軍宣下の廃止を説く○青蓮院宮に謁す○佐賀に戻り、佐賀兵の上洛を謀り、謹慎を命ぜらる	六月、五カ国仮条約○九月、安政の大獄
安政六	一八五九	三二	一月四日、父枝吉南濠没す○三月、副島利忠の養子となり、以後、副島二郎種臣と称す○藩校弘道館の国学教諭となる	
文久元	一八六一	三四	明善堂文武方心得として江戸に派遣、落馬し重傷	

文久二	一八六二	三五	幕府の嫌疑を避け、帰藩、謹慎○八月一五日、兄枝吉神陽没す	一月、坂下門外の変
文久三	一八六三	三六	「諷諫状」を執筆	七月、薩英戦争○八月、文久政変、天誅組乱
元治元	一八六四	三七	長崎に遊学（慶応二年まで長崎滞在）	七月、禁門の変
慶応元	一八六五	三八	大隈八太郎（重信）と長崎に英学校致遠館を建て督学となる。ともに米人宣教師フルベッキに英語・米国憲法などを学ぶ	一〇月、条約勅許
慶応三	一八六七	四〇	二月、大隈と脱藩上洛、徳川慶喜側近の原市之進に大政返上を説く○五月、佐賀に送還、藩命で謹慎○長崎に赴き、長崎奉行退去後の対外折衝に当る	一〇月、大政奉還○一二月、王政復古の大号令
明治元	一八六八	四一	三月一三日、徴士・参与職、制度事務局判事○四月一九日、御用当分顧問席へ出仕（福岡藤次〈孝弟〉とも）○閏四月二一日、政体書（福岡・副島起草）発布○六月二五日、賜暇帰国（佐賀へ）。七月九日、長崎に到着○七月一三日、岩倉から副島に北征取り止めを報ず○七月二三日、東北遊撃軍将久我大納言（通久）輔翼の沙汰○八月一九日、帰京して戦状を具奏す（『明治天皇紀』一）○八月二八日、羽州差向の目途おおよそ立てば早々帰京との沙汰○一〇月二四日、至急御用早々東京へ○一二月四日、東京在勤○一二月七日、東京城大広間における東北諸藩処分宣告に列す○一二月一〇日、当官で議事取調兼勤	一月、鳥羽・伏見の戦（戊辰戦争開戦）○三月、五ヵ条誓文○四月、江戸開城○九月、明治改元
明治二	一八六九	四二	二月一六日、佐賀より藩政改革のため副島の帰国を申請○二月二	二月、東京遷都○五

明治三	一八七〇	四三	一日、鍋島中納言（直正）賜暇につき早々出京の沙汰○二月二三日、鍋島直正に従い京都発、伊万里を経て佐賀帰城○三月上旬、井上馨の意見一三ヵ条を大坂で受取る（『世外井上公伝』一）○三月二八日、鍋島直正の上京に従い佐賀発○五月一二日、当官で行政官機務取扱、当官で教導局御用掛兼勤○五月一五日、参与に任ず。これまでの兼勤はすべて被免○五月二一日、従四位下に叙す○七月八日、参議に任ず（前原一誠と両名）○八月三日、英国王子を見送り、乗艦ガラテアに至る（『維新史料綱要』）○八月一〇日、誓約四ヵ条（三条実美・岩倉具視・徳大寺実則・大久保利通・広沢真臣と）署名（『明治天皇紀』二）○八月二〇日、差控え仰付け（八月二一日差控え被免）○九月一五日、大学御用掛（『大久保利謙歴史著作集』四）○一一月六日、大久保・広沢・前原と国事を論ず（大久保邸で）○一一月二八日、日夜励精につき御剣一口下賜 一月七日、紫組掛緒を下賜○三月二三日、正四位に叙す○三月二八日、弾例取停手落ちで謹慎仰付け（四月二日謹慎被免）○五月二八日、集議院開院に列席（三条実美右大臣・岩倉具視大納言・沢宣嘉外務卿）（『集議院日誌』一）○六月一三日、氷川祭宣命使として氷川神社に参向○六月二二日、大久保・広沢・佐佐木高行と岩倉邸で民蔵問題に建言○八月、鍋島直大（藩知事）、藩を献じての洋行希望を副島に説く○九月八日、新律草案審査委員長	月、箱館政権降伏（戊辰戦争集結）○六月、版籍奉還○七月、職員令 一月、大教宣布の詔○一二月、新律綱領を布告

			（翌日から副島宅で審査会議）○一〇月九日、学制局で学制取調御用掛（兼勤）西周、同津田真道に会う（『西周全集三日記』）○一一月三日、ビュッオフ露国駐清代理公使と樺太談判条件を談ず（横浜・北ドイツ聯邦公使館にて）○一一月二七日、初の国法会議（親臨、小御所代）で国法制定を議す○一二月二〇日、英国公使パークスと三条右大臣・沢外務卿・寺島宗則大輔との対話（外務省内）に列席（諸藩預耶蘇教徒取扱い）	
明治四	一八七一	四三	一月一八日、鍋島閑叟（直正）死去、喪に服す○五月九日、当分外務省御用専務○五月一三日、樺太談判に露国ボシエット湾差遣。一八日遣外国使祭○五月二二日、参内、全権委任の勅語。二四日出帆（日進艦に座乗）。函館で露国領事と交渉し、談判延期。函館から引き返し、七月二二日帰京○七月二四日、参議を免官、御用東京滞在○一一月四日、外務卿に任ず（岩倉具視の後任）○一一月一八日、延遼館での各国公使饗宴に、前日大嘗祭の旨趣を演説○一一月二八日、オーストリア国と条約批准の全権委任○一二月二日、外国公使らの私宅接待に手当金二〇〇〇円年々下賜（正院）	四月、新貨条例を制定○五月、戸籍法を制定○七月、廃藩置県○七月、日清修好条規調印○一一月、岩倉使節出発
明治五	一八七二	四四	三月二九日、閣議で条約改正合同会議に反対○四月八日、条約改正取調御用掛○五月一六日、横浜へ御用出張○七月一日、マリア・ルス号事件に関し、大江卓神奈川県参事に取調べ指令○八月一〇日、朝鮮尋交手続並目的を上申（外務卿）、一八日勅旨○九	八月、学制を頒布○九月、鉄道開業○一一月、太陽暦採用の詔

			月一五日、尚泰を琉球藩王に封ずる詔を琉球使臣に伝宣○九月一五日、琉球藩属の体制徹底につき正院に建議（外務卿）○九月二四日、米人ルジャンドルと初会見（一一月顧問に雇入）○一〇月三日、樺山資紀陸軍少佐（鹿児島分営長）来訪（台湾問題）○一一月一八日、清国へ差遣の詔書（条約批准、皇帝成婚・親政祝賀。『明治天皇紀』二は一一月一九日とす）	
明治六	一八七三	四六	一月一〇日、米デロング・露ビュツォフ各公使夫妻拝謁に陪席○二月二六日、耶蘇教禁制札除去を、外務卿より伊米各国公使に通告○二月二七日、清国差遣（全権大使）三月一三日発、四月二〇日天津着○四月三〇日、日清修好条規批准交換（直隷総督李鴻章と）○六月二九日、清国同治帝に先順謁見、国書を奉呈○七月二七日、参内復命（清国より七月二五日横浜帰着）○八月一一日、外務卿私宅で琉球藩の与那原親方らに、国内の政治は藩王に一任し国体制度は従来通りと言明（『尚泰侯実録』）○八月二〇日、ペルー国条約の事全権委任の勅語○九月二七日、除服出仕、御用至急上京○一〇月一三日、参議に任ず、外務省事務総裁仰付け○一〇月二五日、依願免本官、依願外務省事務総裁被免、御用滞在	一月、徴兵令○六月、改定律例を公布○七月、地租改正条例を公布○一〇月、明治六年の政変
明治七	一八七四	四七	一月一二日、愛国公党を副島邸で結成（板垣退助・後藤象二郎・江藤新平らと）○一月一七日、民撰議院設立建白書を後藤・板垣・江藤・由利公正・小室信夫・岡本健三郎・古沢滋と八名連署、左院に提出○一月二六日、加藤弘之来訪、議院設立建白に弁駁書	二月、佐賀戦争○五月、台湾出兵○一〇月、北京協約

			を披陳（『加藤日記』）	
明治八	一八七五	四八	四月、元老院議官任命を辞退（七月元老院開院）	四月、漸次立憲の詔○五月、樺太千島交換条約
明治九	一八七六	四九	九月九日、依願御用滞在被免、清国漫遊の旅へ（霞ヶ関宅を売却）○九月二二日、神戸で湊川神社に参詣（『折田年秀日記』）	三月、廃刀令
明治一〇	一八七七	五〇	この年、清国滞在。上海で王寅（冶梅）らと交わる○二月、西南戦争勃発時には上海滞在（九月二四日戦争終結）○九月二六日、一時帰国（東京丸、横浜着）○九月二四日、湊川神社参拝○一二月五日、上海へ戻る（西京丸、横浜発）	二月、西南戦争（〜九月）○一〇月、神風連の乱
明治一一	一八七八	五一	秋に帰国。烏森に仮寓	
明治一二	一八七九	五二	四月一八日、東京地学協会創立とともに入社（一〇月七日退社。『東京地学協会報告』）○四月二一日、宮内省御用掛一等侍講兼務、侍講局総裁（一等官年俸四〇〇〇円）○六月二四日、皇子誕生を祝し剣一口を献上す	
明治一三	一八八〇	五三	一月以降のある時、侍講辞任の意、宸翰により翻す○六月二日、元田永孚に外債募集不可を答える（前日天皇の諮問に。『明治天皇紀』五）○一一月、越前堀の鍋島家下屋敷に居を移す	
明治一四	一八八一	五四	五月二六日、興亜会の魚允中歓迎会（両国・開化楼）を主宰（『金玉均伝』上）○七月一日、除服出仕○七月二一日、叙勲一等○九月二〇日、興亜会会長として伊藤博文に入会勧誘の書簡	一〇月、明治一四年の政変（二三年の国会開設を勅諭）

			（『伊藤博文関係文書』六）○一〇月五日、時事建白書を巡幸供奉の左大臣熾仁親王と大隈重信参議に呈し執奏を請う○一〇月一五日、天皇侍講元田永孚に副島の動静を下問○一〇月二九日、佐佐木高行・元田永孚両人に言動の自重を説得され服す○一二月、興亜会会長に選ばれたが辞退す	
明治一五	一八八二	五五	二月七日、病をもって朝せず、この日侍講元田、天皇の内旨を告ぐ○二月八日、賜謁。元田とともに天皇・皇后と御座所で談話（『元田日記』）○三月二十三日侍講の辞表を三条太政大臣に送る○三月二四日、天皇、侍講元田に宮内省御用掛副島の進退につき下問○三月二八日、副島・元田両人、右大臣岩倉具視と約して宮中に会す終って謁を請い、岩倉と語る所を奏聞す○四月二一日、建言書（『岩倉伝記資料』）○四月二四日、侍講元田永孚とともに賜謁、（五月一五日も）意見を奏聞○五月、改進会を東京で組織（王道無偏無党を標榜）［五・一五朝野］○五月二五日、樽井藤吉の東洋社会党を支援、甥諸岡正直を島原に派す○一二月一〇日、改進会懇親会（東京柳橋）出席（会長）	二月、開拓使廃止○七月、朝鮮壬午事変
明治一六	一八八三	五六	五月二一日、岩倉に「持論皇官民ト土地ニ有区別之儀」を陳述（三条宛岩倉書簡）○七月、国会開設ニ関スル建言「口上書」三条太政大臣宛（副島種臣関係文書）	一二月、朝鮮甲申事変
明治一七	一八八四	五七	七月一七日、華族に列し伯爵を授けられる（華族令施行）○七月一九日、東京貫属仰付け（宮内省）	

明治一八	一八八五	五八	五月七日、露西亜国帝贈与の神聖安那第一等勲章受領佩用を允許○一〇月九日、鍋島直彬邸（芝）の招宴に中林梧竹と出席○この年、菅沼貞風が同志らと訪問、時事を論じ意見を叩く	四月、天津条約調印○一二月、内閣制度
明治一九	一八八六	五九	二月五日、宮中顧問官に任ず（一八年一二月設置）○二月一五日、勅任一等（年俸四〇〇〇円）○一〇月二〇日、叙従三位	
明治二〇	一八八七	六〇	四月一二日、叙正三位	
明治二一	一八八八	六一	四月三〇日、枢密顧問官に任命（枢密院設置、議長伊藤博文）○五月八日、枢密院開院式出席	
明治二二	一八八九	六二	七月六日、谷干城と会し条約改正に不平の谷と同感○八月九日、黒田清隆首相・伊藤博文枢密院議長宛建議（条約改正問題）○八月一四日、大隈重信外相官邸で条約改正を論ず。鳥尾小弥太は大隈に辞職を勧告○一〇月一六日、枢密顧問官副島・佐佐木高行・寺島宗則が拝謁し、条約改正の議の枢密院諮詢を請う○一一月二五日、大日本帝国憲法発布紀念章授与○一二月二六日、除服出仕	二月、大日本帝国憲法発布
明治二三	一八九〇	六三	二月二三日、菅実秀宛書簡を富田善四郎（菅の門下生）に託す○一〇月二六日、日支文人大会（養浩堂宮島誠一郎主催）出席、元田永孚・黎庶昌らと聯句	一〇月、教育勅語発布○一一月、帝国議会開設
明治二四	一八九一	六四	七月七日、東邦協会副会頭に推される（会頭は空位）○八月九日、庄内を訪れ、約一〇日滞在（翌年三月再訪）○九月一〇日、枢密院副議長に任ず○一二月一八日、枢密顧問官一同で衆議院を傍聴	
明治二五	一八九二	六五	三月一一日、内務大臣に任ず（松方内閣）○三月、庄内を再訪、	

			鶴岡の致遠館で経書を講ず○四月一二日、条約改正案調査委員○四月二七日、叙従二位○五月、大日本教育会名誉会員に推される（二九年、帝国教育会）○六月八日、内務大臣を辞任、枢密顧問官に再任○この年、東邦協会会頭に推される（副会頭より）	
明治二六	一八九三	六六	三月一五日、東邦協会内地雑居討論会に出席（会場・東京地学協会）○五月一四日、東邦協会総会で会頭挨拶○六月一七日、大石正己公使帰朝慰労会発起人総代演説○九月三〇日、東邦協会（副島会頭）、伊藤博文首相に建議（日露英米四国漁業聯合会議）	
明治二七	一八九四	六七	一月、露西亜語学校卒業式に臨み祝辞○一〇月一二日、広島大本営下に参し、天機奉伺の上表。賜謁	八月、日清戦争
明治二八	一八九五	六八	三月二五日、伊藤博文・陸奥宗光宛書簡、下関李鴻章狙撃事件に一時休戦の意見○五月五日、御用来八日中京都参着の沙汰（大本営）	四月、三国干渉
明治二九	一八九六	六九	三月二八日、明治二七八年事件の功に金盃一組○九月二七日、李鴻章を横浜の船中に訪問談話○九月、東京千駄ケ谷元原宿に居住	
明治三〇	一八九七	七〇	一一月一八日、「副島伯経歴偶談」の談話筆記（元原宿邸で）○一二月二五日、『東邦協会会報』（四一号）に「副島伯経歴偶談」第一回掲載	
明治三一	一八九八	七一	二月二〇日、『東邦協会会報』（四三号）に「副島伯経歴偶談」第二回掲載○三月二〇日、『東邦協会会報』（四四号）に「副島伯経歴偶談」第三回掲載（完結）○五月一三日、東邦協会評議員会に	

			出席（九州倶楽部。『東邦協会会報』四六号）○一〇月一九日、東邦協会第七回総会で会頭演説（帝国ホテル。同五二号）	
明治三二	一八九九	七七	七月二一日、枢密院会議に出席発言（『枢密院会議議事録』八）○九月一八日、東邦協会評議員会に出席（『東邦協会会報』六二号）	
明治三三	一九〇〇	七八	六月一八日、東邦協会評議員会（中国問題）出席（『東邦協会会報』七〇号）	六月、義和団事変
明治三四	一九〇一	七九	四月二八日、東亜商業学校（犬養毅校長）開校式に参列（大隈重信・近衛篤麿と）○八月一八日、相州北下浦村の静養先に小池重（のち杏雲堂副院長）訪問	
明治三五	一九〇二	八〇	二月二〇日、論説「清国革新之急務」を『東邦協会会報』（八四号）に寄せる○三月一四日、東邦協会第一〇回総会で会頭辞任を申し出たが、重任○五月一日、私立帝国殖民学校設立賛成人として署名捺印○五月二九日、国際法学会で講演「明治初年外交実歴談」（『国際法雑誌』五）○六月二〇日、叙正二位	一月、日英同盟調印
明治三七	一九〇四	八二	一月二〇日、枢密院会議に出席（最後、一月二三日欠席。『枢密院会議議事録』一〇）	二月、日露戦争
明治三八	一九〇五	八三	一月三一日、死去（実際は一月三〇日）、旭日桐花大綬章○二月六日、青山墓地（東京市赤坂区）で葬儀を執行、埋葬、勅使片岡利和侍従副島邸に差遣、幣帛を下賜。のち佐賀市・高伝寺にも墓	一月、旅順陥落

主要参考文献

一　未刊史料

「副島種臣関係文書」「元田永孚関係文書」「三条実美関係文書」「岩倉具視関係文書」国立国会図書館憲政資料室蔵

二　著作・全集・伝記など

副島種臣述『副島先生　蒼海閑話』（片淵琢編）　研学会　一八九八年
副島種臣述『副島伯閑話』（片淵琢編）　広文堂　一九〇二年
副島種臣述「副島伯経歴偶談」（『東邦協会会報』四一・四三・四四号）　一八九七〜九八年
副島種臣述「明治初年外交実歴談」（『国際法雑誌』五・六号）　一九〇二年
副島種臣著「明治の外交」（大隈重信撰『開国五十年史』上巻）　開国五十年史発行所　一九〇七年
佐々木哲太郎編『蒼海遺稿』（和一冊）　佐々木哲太郎　一九〇五年
副島道正編『蒼海全集』六巻（和六冊）　一九一七年

島善高編・解題『副島種臣全集』（既刊三冊）　慧文社　二〇〇四年〜
1　著述篇Ⅰ（蒼海全集全六巻を影印縮小復刻、全集詩文目録を作成付載）
2　著述篇Ⅱ（精神教育附録蒼海先生詩文、副島大使適清概略、蒼海閑話、副島伯経歴偶談）
3　著述篇Ⅲ（和歌草稿、游清詩草、明治初年外交実歴談、武士談、など）
中川澄編『副島種臣君意見書評論』（京都）駸々堂　一八八三年
鳥谷部春汀『春汀全集』第二巻　明治人物月旦　博文館　一九〇九年
朝比奈知泉『明治功臣録』玄　明治功臣録刊行会　一九一五年
対支功労者伝記編纂会編「副島種臣伯」（『対支回顧録』下巻列伝）対支功労者伝記編纂会　一九三六年
大木俊九郎著『副島種臣先生小伝』（非売品）冊子　大木俊九郎・副島種臣先生顕彰会　一九三六年
尾佐竹猛・編集解説『類聚伝記大日本史』十一巻政治家篇　雄山閣　一九三六年
滝口康彦・河村健太郎『副島種臣・伊東玄朴』（『郷土史に輝く人びと』第三集）佐賀県青少年育成県民会議　一九七〇年
巨勢進・中村宏『元田東野・副島蒼海』（講座・日本の思想家）　明徳出版社　一九七九年
福岡博『佐賀の幕末維新　八賢伝』　出門堂　二〇〇五年
丸山幹治『副島種臣伯』（副島道正「家庭の父を語る」所収）　大日社　一九三六年
（復刻版）みすず書房　一九八七年
大橋昭夫『副島種臣』　新人物往来社　一九九〇年

斎藤洋子『副島種臣と明治国家』 慧文社 二〇一〇年
島善高『律令制から立憲制へ』 慧文社 二〇〇九年
副島種經（編者代表）『副島種臣書〈副島蒼海墨跡集〉』 二玄社 一九六七年
石川九楊編『蒼海副島種臣書』 二玄社 二〇〇三年
『墨美』四三号「特集副島種臣先生」 墨美社 一九五五年
一四〇号「特集副島蒼海の書」 墨美社 一九六四年
『墨』四一号「特集副島蒼海」 芸術新聞社 一九八三年
一一六・一一七号「没後九十年副島種臣の書（前・後）」 芸術新聞社 一九九五年
致道博物館「副島蒼海の書」 致道博物館 一九九五年

三 雑誌・紀要

江藤新作「追懐副島伯」（『日本人』四〇八） 一九〇五年
鳥谷部春汀「晩年の蒼海先生・副島伯の人格」（『太陽』一一―四） 一九一一年
国分剛二「西郷南洲と副島蒼海伯と菅臥牛翁」（『史学』六―二） 一九二七年
丸山幹治「副島蒼海先生」一～二五（『日本及日本人』一五九～一八六） 政教社 一九二八年
丸山幹治「外務卿としての副島種臣」一～六（『外交時報』五四―三・四・六、五五―

一・三・五） 一九三〇年

佐倉孫三「副島蒼海伯の外交逸話」（『斯文』一六―九） 一九三四年

柳田泉「「副島種臣伝」の一章―その国家社会主義的思想―」（『我観』一四―一） 一九三六年

英修道「副島とパークス」（『学鐙』四三―一二） 一九三九年

重田鉄矢「副島伯と菅実秀」『明治文化』一三―四） 一九四〇年

火山楼「副島蒼海伯と新宮涼庭」『伝記』七―七）」 一九四〇年

杉村幹「或る日の副島種臣」（『伝記』八―六） 一九四一年

石川順「外交家副島種臣」（『海外事情』六―三） 一九五八年

＊　＊　＊

小林六郎「明治政府と顧問外交―ル・ジャンドルとその周辺―」（『政治の思想と歴史』） 一九六三年

伊藤一彦「明治五～六年、「征台」論争における副島種臣の位置」（『社会運動史研究』五） 一九七五年

森田三男「マリア・ルズ号事件と日露関係」（『創価法学』二一―二・三） 一九九二年

犬塚孝明「明治初期外交指導者の対外認識―副島種臣と寺島宗則を中心に―」（『国際政治』一〇二） 一九九三年

毛利敏彦「副島種臣の対清外交」（『法学雑誌』四一―四） 一九九五年
安養寺信俊「明治六年の対清交渉にみる「副島外交」の検討」（『岡山大学大学院文化科学研究科紀要』二〇） 二〇〇五年
同「副島種臣の国体論」（同一三） 二〇〇二年
同「副島種臣の君主専制論」（同一六） 二〇〇三年
同「副島種臣の神道論」（同二二） 二〇〇六年
安岡昭男「東邦協会と副島種臣」（『政治経済史学』一六九） 一九八〇年
家近良樹「副島外務卿排斥運動と「明治六年政変」」（『文化史学』三八） 一九八二年
小林隆夫「留守政府と征台論争―ルジャンドル覚書に関する考察―」（『政治経済史学』二九六） 一九九〇年
張虎「副島対清外交の検討―副島外務卿宛て勅旨を素材にして―」（明治維新史学会編『明治維新とアジア』） 二〇〇一年
ロバート・エスキルドセン「明治七年台湾出兵の植民地的側面」（『明治維新とアジア』） 二〇〇一年
小沢洋輔「副島種臣外務卿期の対琉球藩政策」（『法政史学』七六号） 二〇一一年

四　その他

石川九楊「衆人皆酔う、我独り醒む　副島種臣論ノオト」（『季刊アスティオン』一二五）

草森紳一「仂蘭　詩人副島種臣の生涯」一～六五（『昴』）　一九九二年
草森紳一「薔薇香處　副島種臣の中国漫遊」一～四〇（『文学界』）　一九九一～九六年
安岡正篤「敬と知と勇―蒼海副島伯について―」（『師と友』四〇〇、一九八三年再録）　二〇〇〇～〇三年
一九二六年
宮内省編修『明治天皇紀』第一～第十二・索引（一三冊）　吉川弘文館　一九六八～七七年
中野礼四郎『鍋島直正公伝』第一～第六編（七冊）　侯爵鍋島家編纂所　一九二〇～二一年
藤野保『佐賀藩』　吉川弘文館　二〇一〇年
毛利敏彦『幕末維新と佐賀藩』　中央公論新社　二〇〇八年
杉谷昭『鍋島閑叟』　中央公論社　一九九二年
木原溥幸『佐賀藩と明治維新』　九州大学出版会　二〇〇九年

著者略歴

一九二七年生まれ
一九六三年法政大学大学院人文科学研究科博士課程単位取得修了
現在、法政大学名誉教授・文学博士

主要編著書
『明治前期日清交渉史研究』（巌南堂書店、一九九五年）
『明治前期大陸政策史の研究』（法政大学出版局、一九九八年）
『幕末維新の領土と外交』（清文堂出版、二〇〇二年）
『幕末維新大人名事典』上下（新人物往来社、二〇一〇年）

人物叢書 新装版

副島種臣

二〇一二年（平成二十四）三月一日 第一版第一刷発行

著　者　安《やす》岡《おか》昭《あき》男《お》
編集者　日本歴史学会
　　　　代表者 笹山晴生
発行者　前田求恭
発行所　株式会社 吉川弘文館
東京都文京区本郷七丁目二番八号
郵便番号一一三—〇〇三三
電話〇三—三八一三—九一五一〈代表〉
振替口座〇〇一〇〇—五—二四四
http://www.yoshikawa-k.co.jp/
印刷＝株式会社 平文社
製本＝ナショナル製本協同組合

ISBN978-4-642-05261-0

『人物叢書』(新装版)刊行のことば

人物叢書は、個人が埋没された歴史書が盛行した時代に、「歴史を動かすものは人間である。個人の伝記が明らかにされないで、歴史の叙述は完全であり得ない」という信念のもとに、専門学者に執筆を依頼し、日本歴史学会が編集し、吉川弘文館が刊行した一大伝記集である。

幸いに読書界の支持を得て、百冊刊行の折には菊池寛賞を授けられる栄誉に浴した。

しかし発行以来すでに四半世紀を経過し、長期品切れ本が増加し、読書界の要望にそい得ない状態にもなったので、この際既刊本の体裁を一新して再編成し、定期的に配本できるような方策をとることにした。既刊本は一八四冊であるが、まだ未刊である重要人物の伝記についても鋭意刊行を進める方針であり、その体裁も新形式をとることとした。

こうして刊行当初の精神に思いを致し、人物叢書を蘇らせようとするのが、今回の企図である。大方のご支援を得ることができれば幸せである。

昭和六十年五月

日本歴史学会

代表者　坂本太郎

最　澄
田村晃祐著
天台宗の開祖、平安仏教の巨峰。その思想と行動を克明に辿り、波瀾の全生涯を描く伝教大師伝。

円　仁
佐伯有清著
在唐十年、苦難未曽有な体験持つ名僧。最澄の高弟で3世座主となり天台密教を弘めた慈覚大師伝。

平城天皇
春名宏昭著
桓武天皇を継ぎ、官制改革などの新政策を展開。在位三年、薬子の変で隠棲を強いられた悲劇の天皇。

伴　善男
佐伯有清著
千古の謎秘める応天門の怪火！政争の犠牲となった俊敏な宰相の数奇な生涯描いた興味ある伝記。

円　珍
佐伯有清著
諸宗や僧侶を批判し経典の蒐集校勘と園城寺復興に努めた、5世天台座主寺門派の祖、智証大師伝。

菅原道真
坂本太郎著
学者から右大臣に昇り、讒にあって流謫、大宰府に死す。時代と併せ描く学問の神「天神様」の実伝。

聖　宝
佐伯有清著
聖徳太子の後身として崇められた傑僧。諸宗派を摂取し、山林修行に精魂をこめた気高い生涯を描く。

三善清行
所　功著
『意見封事』で有名な論策家。激しい学閥争いのなかで巧みに身を処した逞しい文人官吏の生涯描く。

藤原純友
松原弘宣著
平安中期の官僚。なぜ海賊集団を組織し反逆者となったのか。古代海賊の分析を交えて生涯を描く。

紀　貫之
目崎徳衛著
万葉復古の風潮で急顚落した王朝歌壇の偶像の生涯と業績を検討し、再評価の先駆けをなした伝記。

良　源
平林盛得著
叡山中興の祖。平安中期、第18代天台座主の光と影の生涯と、現代におよぶ元三大師信仰を描く。

藤原佐理
春名好重著
三跡の一、屈指の能書家。放縦のため屡々失錯演じ不遇の後半生送る。遺品織り成してその生涯描く。

紫式部
今井源衛著
王朝ロマンの最高峰—『源氏物語』作者の全生涯を、その社会的・政治的背景の上に鮮明に浮彫す。

一条天皇
倉本一宏著
平安中期の天皇。藤原摂関家と協調し王権の安定を築き、王朝文化を開花させた英主の実像に迫る。

大江匡衡
後藤昭雄著
平安中期の文人官僚。妻は赤染衛門、一条天皇の侍読。漢詩文に優れた足跡を残した名儒の伝。

源　信
速水　侑著
日本浄土教の祖と仰がれる『往生要集』の著者の偉大な生涯を、転換期の時代相を背景に活写する。

源　頼光
朧谷　寿著
酒呑童子退治で有名な頼光の、武勇に秀で処世の術にもたけた生涯を、巧みに描いたユニークな伝。

藤原道長
山中　裕著
平安中期、摂関政治全盛を築いた公卿。外戚の地位を確固として栄華の世を極めた、傑出した生涯。

藤原行成
黒板伸夫著
一代の名筆と謳われ、抜群の政治感覚で道長政権下に活躍。「権記」手掛りに貴族官僚の実像に迫る。

清少納言
岸上慎二著
枕草子の著者。学識と機智に富む稀代の才女。その家系・結婚・宮仕え・晩年に亙る全生涯を浮彫す。

和泉式部
山中　裕著
摂関全盛期の代表的女流歌人。博捜した史料をもとに、その苦難に満ちた波瀾の全生涯を解明す。

源　義家
安田元久著
武門の棟梁として威名天下に轟き、武勇の神と仰がる。史実に基づいて究明した〝八幡太郎〟の伝。

大江匡房
川口久雄著

平安末期最高の知識人。最も漢詩に長じ和歌・朝儀にも通じた学者兼政治家の人間像を精細に描く。

奥州藤原氏四代
高橋富雄著

僻遠の奥州に燦然たる文化と富裕な平泉王国を建設。清衡以下四代の事蹟とその興亡の跡を解明す。

藤原頼長
橋本義彦著

悪左府―保元乱の元凶？院政下の複雑な政情分析し、数奇な運命を巧みに浮彫した人間頼長の初伝。

藤原忠実
元木泰雄著

平安後期の摂政・関白。落日の摂関家を担って院勢力と苦闘、保元の乱に至る波乱の生涯を描く。

源　頼政
多賀宗隼著

老残の身を挺し平氏打倒の烽火を上げ、中世開幕の口火を切る。和歌をも活用してその実像を描く。

平　清盛
五味文彦著

『平家物語』の語る虚像を剥ぎ、朝廷の政治世界に初めて武家政権を開いた武人の一生を描く決定版。

源　義経
渡辺　保著

赫々たる武勲と数奇な運命！いっさいの粉飾ぬぐい、正確な史料により描いた〝悲劇の英雄〟の伝。

西　行
目崎徳衛著

知られなかった多くの史実を明らかにし〝数奇の遁世者〟西行の特異な生き方の全貌を平易に描く。

後白河上皇
安田元久著

平氏盛衰から鎌倉幕府確立の激動期に権謀めぐらし、朝廷の権威存続はかる。独裁的政治家の生涯。

千葉常胤
福田豊彦著

関東の名族、東国御家人の筆頭―千葉常胤を通して頼朝政権の基盤を解明せんとする野心的な伝記。

源　通親
橋本義彦著

平安末から鎌倉初期、乱世を積極的に生きぬいた公家政治家。通説を排し足跡辿り全体像を描く。

文　覚
山田昭全著

平家打倒に奔走した真言の行者。鎌倉期の仏教文化と政治に大きな足跡を残した〝荒法師〟の生涯。

畠山重忠
貫　達人著

鎌倉武士の典型、美談に富む誠実礼節の勇士。遂に北条氏に滅ぼされる、数奇な生涯を鮮かに綴る。

法　然
田村圓澄著

南都北嶺の反対にめげず専修念仏をもって初めて浄土宗を開く。弾圧下信念に生き抜いた高僧の伝。

栄　西
多賀宗隼著

鎌倉期臨済宗の開祖。茶祖。日本の思想と文化に偉大な感化与えた名僧の人と事蹟を鮮やかに描く。

北条義時
安田元久著

源家断絶を図り実朝暗殺を演出、承久乱に三上皇流し執権政治を確立す。典型的な現実政治家の伝。

大江広元
上杉和彦著

鎌倉前期の文人政治家。卓越した政治手腕をふるい幕府の核として武家政権の確立に貢献した生涯。

北条政子
渡辺　保著

恋愛・嫉妬、そして勝気。頼朝没後尼将軍と謳われた女傑。肉親相剋の悲劇とその苦悩併せ浮彫す。

慈　円
多賀宗隼著

平安末―鎌倉初頭の転換期に仏教界に君臨。すぐれた和歌と史論により不朽の名残す大思想家の伝。

明　恵
田中久夫著

栂尾高山寺の開山。戒律を重んじ行法に励み徳望一世に聞ゆ。鎌倉初頭華厳名僧の高潔な生涯描く。

藤原定家
村山修一著

中世歌壇の大御所、二条派歌学の祖、優れた歌論家。古典研究にも功績多い著名な堂上歌学者の伝。

北条泰時
上横手雅敬著

御成敗式目の制定者、稀代の名執権と謳わる。その誠実と苦悩の人間像を激動する時代の上に描く。

道元 新稿版
竹内道雄著
曹洞宗の開祖。入宋し古風禅を伝え、帰朝後永平寺を創建。正法眼蔵で著名な高僧の行実思想描く。

北条重時
森 幸夫著
鎌倉中期の政治家。泰時・時頼らの執権政治を支え、現存最古の武家家訓を遺したその生涯を辿る。

親鸞
赤松俊秀著
肉食妻帯を自ら実践し、真の民衆宗教を樹立した傑れた宗教家。異説多い親鸞伝の諸問題を解明す。

日蓮
大野達之助著
余宗排撃と国難来の予言—憎悪・迫害裡に敢然獅々吼折伏続ける情熱の宗祖！大日蓮の真面目描く。

阿仏尼
田渕句美子著
鎌倉時代の女流歌人。歌道家に嫁いで家業を支え、和歌の世界で活躍した人物像と事績に迫る。

北条時宗
川添昭二著
蒙古襲来の時代を生きた第八代鎌倉幕府執権。襲来の全容、異母兄時輔の誅殺等歴史の真相を描く。

一遍
大橋俊雄著
鎌倉期時宗の開祖。踊念仏、札くばりなど独自の布教で全国を行化。初めて成る遊行上人の実伝。

叡尊・忍性
和島芳男著
戒律再興と社会事業に献身する師弟二人の高僧。わが国慈善救済史上に不滅の光彩放つ香り高い伝。

京極為兼
井上宗雄著
鎌倉後期、革新的な歌論・歌風を以て「京極派」を確立。両統対立の政界に活躍した反骨歌人の実伝。

金沢貞顕
永井 晋著
鎌倉末期の執権。病弱な北条高時とともに、衰えゆく鎌倉幕府を支えた悲劇の政治家の実像に迫る。

菊池氏三代
杉本尚雄著
肥後の名族菊池氏—その同族結合と南北朝期の活動を、武時・武重・武光の三代中心に精彩に描く。

新田義貞
峰岸純夫著
鎌倉幕府を滅ぼした武将。南北朝動乱を体現しながらも、凡将・愚将とされてきた人物像を見直す。

花園天皇
岩橋小弥太著
両統迭立期、対立する後醍醐君臣の施政にも理解と好意示し、公正な態度持した文徳高い天皇の伝。

赤松円心・満祐
高坂 好著
円心の挙兵、満祐の将軍弑逆、政則の家運再興等・赤松一族興亡の歴史を代々の事蹟を追って描く。

卜部兼好
冨倉徳次郎著
徒然草で有名な中世の隠者・歌人・評論家。変革期の世相を巧みに批判す！新史料で其人間像を描く。

覚如
重松明久著
本願寺を創建して門徒王国の基礎を築く。草創期真宗教団の諸問題織り成し、波瀾に富む生涯描く。

足利直冬
瀬野精一郎著
南北朝時代の武将。父尊氏と生涯死闘を演じ、敗れて長い隠棲の果て没した波瀾の生涯を描く実伝。

佐々木導誉
森 茂暁著
南北朝動乱期「ばさら大名」の典型。芸能・文芸に堪能な文武両道に秀でた風雲児の生涯を描く。

細川頼之
小川 信著
幼将軍義満を輔佐し、一旦政争に敗れ失脚したが後再び復帰、室町幕府の基礎固めた、名宰相の伝。

足利義満
臼井信義著
南北朝を合体し有力諸大名を制圧、幕府の基礎を固む。王者の如き権勢者の面目を時代と共に描く。

今川了俊
川添昭二著
名探題として九州制覇の功遂げ、傍ら最も和歌連歌に秀で、文学史上に不朽の名遺す風流文人の伝。

足利義持
伊藤喜良著
室町幕府第四代将軍。諸大名や天皇家と強調した執政により、最も平穏な時代を築いた将軍の初伝。

世阿弥
今泉淑夫著

室町時代の能作者。晩年の佐渡配流の理由や禅宗信仰の内実を問い、波瀾に富む世阿弥像を描く。

上杉憲実
田辺久子著

室町前期の関東管領。永享の乱で主持氏を自害させ、出家して諸国を行脚。足利学校再興者の初伝。

山名宗全
川岡　勉著

応仁の乱の西軍大将。大乱の本質を明らかにし、巧みな分国経営にも光をあて、豪毅な生涯に迫る。

一条兼良
永島福太郎著

博学宏才、中世随一の学者。応仁の乱下深く古典究め東山文化の基礎培う。政治観併せ描く碩学の伝。

蓮　如
笠原一男著

真宗中興の祖。御文の作成と名号の頒布—盛んな布教活動で真宗王国の基礎築いた傑僧の面目描く。

宗　祇
奥田　勲著

室町後期の連歌師。「新撰菟玖波集」はじめ数々の作品を著し、全国に連歌を広めた旅の詩人の生涯。

万里集九
中川徳之助著

室町末期の禅僧。五山文芸後期『梅花無尽蔵』を残す悲運の詩人。波瀾の生涯を禅林文芸を交え描く。

三条西実隆
芳賀幸四郎著

戦国擾乱の世に公家文化の育成と普及に務めた功績著大。学芸史に輝く教養高い文化人の生涯描く。

大内義隆
福尾猛市郎著

文化の愛好と貿易の富力で「山口王国」を築き、逆臣のため非業な末路遂げた風雅な武将悲劇の伝。

ザヴィエル
吉田小五郎著

東洋伝道の使徒、わが国最初の布教者。その聖なる生涯を、苦難の伝道と偉大なる感化併せて描く。

三好長慶
長江正一著

細川氏に被官から実力ナンバーワンへ。下剋上の代表者と誤解される戦国教養人の多彩な生涯描く。

今川義元
有光友學著

桶狭間に落命した悲運の戦国大名。通説を見直し巧みな領国経営と今川文化を開花させた義元伝。

武田信玄
奥野高広著

屢々謙信と角逐し、信長を畏怖せしめた戦国無双の名将。中原の鹿射損じた長恨の生涯と面目描く。

朝倉義景
水藤　真著

北陸越前に京風文化を移す。浅井氏と結び信長に反抗して大敗、一乗谷に滅ぶ波乱の生涯を描く。

浅井氏三代
宮島敬一著

北近江の地域社会が生んだ戦国大名。三代の興亡から浮かぶ、新たな戦国大名像とその時代に迫る。

明智光秀
高柳光寿著

三日天下で有名な典型的反逆児。主君弑逆の原因如何。其人間像描き心裡を分析し歴史の謎を解く。

大友宗麟
外山幹夫著

キリシタン大名として有名な戦国武将。その領国支配体制を解明し、波瀾に富む生涯を巧みに描く。

千　利休
芳賀幸四郎著

茶聖利休！偉大な芸術的大天才。其人と芸を転換期の世相上に浮彫し、自刃し果る数奇な生涯描く。

足利義昭
奥野高広著

室町幕府最後の将軍。失脚後も見果ぬ夢抱いて転々諸国を流浪。運命に翻弄された数奇な生涯描く。

前田利家
岩沢愿彦著

信長・秀吉から家康へ、変転する動乱の世を生き抜いた勇気と誠実の人。加賀藩祖の真面目浮彫す。

長宗我部元親
山本　大著

戦国土佐の大名。四国制覇後秀吉に降り領国経営に腐心、南国文化築く遺風今に伝わる名将の伝。

安国寺恵瓊
河合正治著

東福寺住持—毛利家重臣—秀吉の腹臣—関ヶ原役西軍主謀者—斬首。最も波瀾に富む劇的生涯描く。

石田三成 今井林太郎著

吏務に長じて秀吉に抜擢され、その遺命守って敢然孤忠を尽す。波瀾の生涯と悲愴な末路を浮彫す。

真田昌幸 柴辻俊六著

安土桃山時代の智将。転変後秀吉に仕え、「表裏比興の者」と評された事跡を検証し実像に迫る初伝。

高山右近 海老沢有道著

貧しい人々の棺を自ら担いだキリシタン大名。改宗を肯んぜず、国外に追放された聖なる生涯描く。

島井宗室 田中健夫著

著名な博多商人、海外貿易家、茶人。織豊政権の蔭に暗躍した典型的新興町人の興味ある生涯描く。

淀　君 桑田忠親著

父母の仇敵秀吉の愛妾となり、のち落日の大坂城に君臨、家康に屈せず自滅し果てた悲劇女傑の伝。

片桐且元 曽根勇二著

豊臣秀吉に仕えた賤ヶ岳七本槍の一人。大坂の陣を前に苦悩奔走した真相と実像を浮き彫りにする。

藤原惺窩 太田青丘著

近世朱子学の開祖。門下に林羅山・松永尺五らを輩出。文芸復興に画期的役割果した業績と人間像。

支倉常長 五野井隆史著

慶長遣欧使節としてローマ教皇に謁見した仙台藩士。禁教令二五〇年の封印から蘇った実像に迫る。

伊達政宗 小林清治著

秀吉・家康の政権下、独眼よく奥羽を制覇し屈指の大藩築く。使臣のローマ派遣等多彩の生涯描く。

天草時貞 岡田章雄著

一世を震撼させた島原乱の指導者、美貌の少年天使。豊富な史料により其生立ちと一揆の顛末描く。

立花宗茂 中野　等著

九州柳川藩の祖。大友宗麟配下の一武将から大名となり、晩年徳川将軍家に重用された波乱の生涯。

佐倉惣五郎 児玉幸多著

義民惣五郎は果して架空の人物か。新史料を発見して実在を証し、事件の背景影響等を併せ解明。

小堀遠州 森　蘊著

遠州流茶道の祖、建築・造庭の巨匠。遺稿と文献を調査して、天才的大芸術家の生涯と事蹟を描く。

徳川家光 藤井讓治著

江戸幕府三代将軍。機構の整備、大名統制、鎖国等により幕制を確立。「生まれながらの将軍」を描く。

由比正雪 進士慶幹著

楠流軍学者。浪人充満の不穏な世相バッグに丸橋忠弥らと結託、幕府転覆を企て計破れた快雄の伝。

林　羅山 堀　勇雄著

博識を以て家康以下三代に仕え、子孫相承けて幕府文教の権を握る。典型的な御用学者の生涯描く。

松平信綱 大野瑞男著

江戸前期の老中。島原の乱を鎮圧、幾多の危機を救い、幕府確立に尽力した「知恵伊豆」の生涯。

国姓爺 石原道博著

本名鄭成功、母は平戸の日本女性。国姓朱氏を賜わり、抗清復明の義挙に生涯捧げた混血快漢の伝。

野中兼山 横川末吉著

近世土佐の大政治家。無比の経世家か領民収奪の鬼か。過度の善政苛政と化して失脚した数奇な伝。

隠　元 平久保　章著

黄檗宗万福寺の開祖。招きに応じ渡来、朝野の尊崇博し三百年来失墜の禅風を振起した明名僧の伝。

徳川和子 久保貴子著

江戸初期、徳川将軍の娘ながら後水尾天皇の皇后となり、公武の和に尽力した「東福門院」の生涯。

酒井忠清 福田千鶴著

徳川四代将軍家綱期の老中・大老。専制政治家という後世の評価とは異なる、その生涯と時代を描く。

朱舜水
石原道博著

明末の大儒。亡国後日本に投化し徳川光圀に厚遇さる。水戸学に大なる感化与えた高節帰化人の伝。

池田光政
谷口澄夫著

民政に文教に治績をあげた誉れ高い名君。備前岡山藩祖の生涯を、時代的背景の上に巧みに浮彫す。

山鹿素行
堀　勇雄著

日本中朝主義を唱え、武士道学を大成。幕府仕官の念願叶わず、不遇裡に終るその生涯を見事描写。

井原西鶴
森　銑三著

不朽の名作一代男の作者―文学史上に輝く大浮世草子作家の生涯を厳密な作品研究の上に浮彫す。

松尾芭蕉
阿部喜三男著

旅を愛し旅を歌い旅に死んだ天成の大詩人。最近の研究成果踏まえ、巧みに作品織り成す俳聖の伝。

三井高利
中田易直著

近世日本最大の財閥三井家始祖。元禄期の優れた大商人。商業史上特筆されるその生涯と事業描く。

河村瑞賢
古田良一著

英知と創意工夫により、日本海海運の開拓と淀川治水事業に不滅の功遂げた江戸初期大事業家の伝。

徳川光圀
鈴木暎一著

「水戸黄門」と『大日本史』編纂で知られる二代水戸藩主。起伏に富む生涯を活写し、その実像に迫る。

契　沖
久松潜一著

僧侶の身で深く古典を究め、文献学的方法を確立して国学の先駆となる。其生涯と不朽の学績描く。

市川団十郎
西山松之助著

元禄前期江戸劇壇の花形初代団十郎から現十二代まで、成田屋歴代の人と芸道・精神を描く列伝。

伊藤仁斎
石田一良著

京都市井の大儒、堀川学派の祖。古学を唱え徳行高く門下三千と称される。其生涯と学問を併せ解明。

徳川綱吉
塚本　学著

生類憐みの令により犬公方の異名で知られ、毀誉褒貶の雑説にまみれた、徳川五代将軍の生涯。

貝原益軒
井上　忠著

江戸中期の福岡藩儒者。経学・医学・教育学など、多数の著述で一世に偉大な感化与えた大儒の伝。

前田綱紀
若林喜三郎著

加賀藩中興の英主。民政特に改作法の実施と典籍収集の功著大。名君の事蹟を新たに再検討した伝。

近松門左衛門
河竹繁俊著

劇作家の氏神と称せられる大近松の不明とされたその素性と生涯を作品織りなして巧みに浮彫す。

新井白石
宮崎道生著

近世詩壇の王者、和漢洋に亘る博学者。「正徳の治」を企画し、国際人の先駆をなした天才の全伝。

鴻池善右衛門
宮本又次著

大阪随一の富豪鴻池歴代の事歴とその財閥成長の過程を、豊富な未公開資料を駆使して鮮かに解明。

石田梅岩
柴田　実著

江戸時代の社会教化・成人教育に偉大な役割演じた〝心学〟開祖の伝。その生涯と行実巧みに描く。

太宰春台
武部善人著

経済学を「経世済民」と捉え、世界に通用する理論を展開した江戸中期の大儒。学問と生涯を描く。

徳川吉宗
辻　達也著

江戸幕府中興の英主、幕藩体制転換期の象徴的将軍。その生涯と施政描き享保改革の実体を究明す。

大岡忠相
大石　学著

「大岡越前」で知られる江戸中期の幕臣。江戸南町奉行として将軍吉宗の享保改革を支えた実像。

賀茂真淵
三枝康高著

国学の巨匠、天成の万葉歌人、熱烈な復古思想家。その生涯と業績を時代的背景の上に巧みに描く。

平賀源内
城福　勇著
江戸中期の博物学者・戯作者。エレキテルの発明者。奇才抱いて獄中に憤死した異常の生涯描く。

与謝蕪村
田中善信著
俳画渾然の新境地を開いた江戸時代の代表的文人画家。名利に恬淡として生きた生涯と人間性描く。

三浦梅園
田口正治著
豊後の僻村に在って思索重ね、『玄語』以下の驚異的哲理書著わす。近世日本の独創的大思想家の伝。

毛利重就
小川國治著
江戸中期の萩藩主。藩政改革を断行し、維新動乱期の軍資金蓄積の基礎築いた名君、中興の祖初伝。

本居宣長
城福　勇著
国学の大成者。「古事記伝」を著わし、復古神道の基礎を築く。その学問・思想と生涯を精緻に描く。

山村才助
鮎沢信太郎著
大槻玄沢門下の異才、わが国世界地理学の恩人。史上に埋もれた一篤学者の先駆的業績と生涯描く。

木内石亭
斎藤　忠著
生涯を奇石の収集と愛玩に賭け、趣味より進んで日本先史学の開拓者となる。江戸中期一異才の伝。

小石元俊
山本四郎著
蘭学草創期に京都に蘭方医学を唱道し、解体十余度、その技匹敵する者なしと謳われた先覚者の伝。

山東京伝
小池藤五郎著
戯作と浮世絵の大家、典型的〝通人〟—江戸文学の理解に最適の作家—の文芸と生涯を巧みに描く。

杉田玄白
片桐一男著
蘭学の確立と発展に熱情を傾け通し、不朽の名著『蘭学事始』を遺した先覚者の生涯を鮮明に描く。

塙　保己一
太田善麿著
幼時失明の身で群書類従始め莫大な古典編集校刊の偉業遂ぐ。驚嘆すべき盲人学者稀有の生涯描く。

上杉鷹山
横山昭男著
藩政改革にすぐれた治績あげた米沢藩主。その人と生涯に新照明あてる斬新な〝封建名君〟の伝。

大田南畝
浜田義一郎著
蜀山人・四方赤良。天明狂歌壇の王者、洒落本滑稽本作者。その生涯を軽妙無類な作品と併せ描く。

只野真葛
関　民子著
社会批判の書『独考』と、それに対する曲亭馬琴の論駁を通して、江戸時代の女性像に変革を迫る。

小林一茶
小林計一郎著
庶民の哀歓と童謡の世界を率直に歌いあげた異色の俳人。その生活面をも浮彫りするユニークな伝。

大黒屋光太夫
亀井高孝著
極北の小島に漂着つぶさに辛酸をなめ、十一年後露都より送還された数奇な運命児の歴史的大記録。

菅江真澄
菊池勇夫著
江戸後期、東北・北海道を巡り、民俗学の先駆となる貴重な記録を残した「遊歴文人」の生涯。

島津重豪
芳　即正著
江戸後期の薩摩藩主。積極的な開化政策を推進、幕末薩摩活躍の礎を築いた異色大名の生涯を描く。

狩谷棭斎
梅谷文夫著
書誌学・金石学の基礎築き、考証学を大成。実証を信条とした江戸後期、博学町人学者の初の伝記。

最上徳内
島谷良吉著
わが国における「北方問題」の先駆として活躍し、晩年はシーボルトより最も学的尊敬を得た人物伝。

渡辺崋山
佐藤昌介著
幕末の優れた文人画家、田原藩家老。戦後発掘の新史料を基に〝蛮社の獄〟の真相と悲劇の生涯描く。

柳亭種彦
伊狩　章著
『田舎源氏』で空前のブームを起し、天保改革に筆を奪われた旗本戯作者。その作品と併せ生涯描く。

香川景樹　兼清正徳著
中世歌学と国学者の復古的歌論斥け歌壇の革新はかる。桂園派の歴史的意義を解明した興味ある伝。

平田篤胤　田原嗣郎著
宣長に触発されたが別な方向に思想を形成、神道を宗教的に深めようとした後期国学の代表的人物。

間宮林蔵　洞　富雄著
輝かしい大探検家―シーボルト事件の密告者―幕府の隠密。前半生と後半生の明暗二面併せ浮彫す。

滝沢馬琴　麻生磯次著
原稿料で生計を立てた最初の作家。晩年失明後も大作〝八犬伝〟を完成させた、悲壮な生涯を描く。

調所広郷　芳　即正著
薩摩藩、財政改革の立役者。新見解を示し、その全容を解明。幕末維新史上の薩摩活躍の謎を探る。

橘　守部　鈴木暎一著
〝宣長学〟を大胆に批判し創見に富む古典研究に新境地を開く。国学史上異彩放つその生涯を解明。

黒住宗忠　原　敬吾著
天照大神の信仰とまじないによる病気治療とで新宗教を開く。特異な宗派神道―黒住教教祖の実伝。

水野忠邦　北島正元著
天保改革を断行し幕政の危機打開計ったが士民の怨嗟買って失脚！悲劇の宰相苦闘の生涯を活写す。

帆足万里　帆足図南次著
画期的な科学書『窮理通』、非凡な経世書『東潜夫論』日本科学史に異彩放つ先駆者の生涯と業績を描く。

江川坦庵　仲田正之著
天保の改革から品川台場・反射炉に着手するまで。太平に眠る幕閣に警鐘をならした幕末先覚者の伝。

藤田東湖　鈴木暎一著
代表的な水戸学者。藩主斉昭の腹心。藩政改革と国家の独立維持に尽瘁した熱血漢波瀾の生涯描く。

広瀬淡窓　井上義巳著
江戸後期の大教育者。私塾咸宜園を開設、大村益次郎・高野長英らを輩出。その教育と人間像描く。

大原幽学　中井信彦著
勝れた下総の農民指導者協同組合の創始者。均等自作農のモデル村落建設し、弾圧に斃れた生涯描く。

島津斉彬　芳　即正著
人格・識見に優れ、内治・外交に卓抜な英知示す。殖産興業・富国強兵に努めた開明派薩摩藩主の伝。

月　照　友松圓諦著
幕吏に追われて西走、西郷と相抱いて薩摩潟に投身した悲劇の勤王僧。その人間像を初めて浮彫す。

橋本左内　山口宗之著
安政大獄に散った幕末の偉大な青年。その識見と短生涯の事績描き、誤られた戦前の左内観を正す。

井伊直弼　吉田常吉著
安政の獄を断行し志士を弾圧！開国の先覚か違勅の元凶か？新史料を駆使して時代と人物を浮彫す。

吉田東洋　平尾道雄著
幕末土佐藩政改革の主役者。藩営専売仕法の実施等により西南雄藩の一たらしむ。隠れた偉材の伝。

佐久間象山　大平喜間多著
識見高邁なる幕末開国論者。上洛して国事に奔走中刺客の凶刃に斃る。偉丈夫の面目巧みに浮彫す。

真木和泉　山口宗之著
尊攘激派の理論的指導者として重きをなし禁門の変に敗れて自刃。その生涯と歴史的意義を解明す。

高島秋帆　有馬成甫著
初めて西洋砲術を修め、攘夷論渦巻くさ中、率先洋式兵制の採用と開国の要を唱道した先覚者の伝。

シーボルト　板沢武雄著
鎖国下に西欧科学を伝え幾多の俊英を輩出、広く日本を世界に紹介す。その功業の史的意義を解明。

高杉晋作 梅溪 昇著
幕末の長州藩士。尊攘・討幕運動を指導し、奇兵隊を創設。維新の夜明け前に病没した波乱の短生涯。

川路聖謨 川田貞夫著
日露和親条約締結の立役者。軽輩から立身して能吏として名を挙げついに幕府に殉じた生涯を描く。

横井小楠 圭室諦成著
肥後から迎えられて越前松平春嶽の顧問となり、雄藩連合による開明的施策に身命捧げた先覚の伝。

山内容堂 平尾道雄著
幕末土佐の名君、大政奉還の偉功者、詩酒奔放の粋人。伝統のきずなと先覚者の苦悩を併せ浮彫す。

江藤新平 杉谷 昭著
明治初期立法の偉功者。征韓論で下野、佐賀乱を起して梟首さる。激動の時代と共に描く悲劇の伝。

和 宮 武部敏夫著
公武合体の犠牲となって家茂に嫁し、幕府滅亡の際苦悶を極む。幕末史彩る数奇な皇女の運命描く。

西郷隆盛 田中惣五郎著
太っ腹で誠実、維新三傑の一。征韓論に破れ衆に擁せられて挙兵、従容薩南に散華する大生涯描く。

ハリス 坂田精一著
安政条約の調印に成功し日本開国の主役を演ず。唐人お吉の伝説で有名な辣腕外交家の面目を描く。

森 有礼 犬塚孝明著
近代教育制度の創始者。初代文相。優れた孤高な文政家の多様な思想と行動を探り、実像に迫る。

松平春嶽 川端太平著
幕末越前の名君。開国進取の達見抱き、朝幕の板挟みに苦悩するその生涯を激動の時代と併せ描く。

中村敬宇 高橋昌郎著
西国立志編・自由之理等の訳述と盛んな啓蒙活動女子教育・幼児教育・盲唖教育を開拓した先覚者。

河竹黙阿弥 河竹繁俊著
脚本およそ三六〇空前の大作者、近世演劇の集大成者。伝記と作品解説兼ねる歌舞伎理解の好指針。

寺島宗則 犬塚孝明著
蘭学者、外交官、政治家として、幕末明治の激動期を生きた政論家の実像を鮮かに描く本格的評伝。

樋口一葉 塩田良平著
娘手一つに一家を支え、貧窮裡に天稟を磨き、不朽の名作残し忽然世を去った薄命閨秀作家の生涯。

ジョセフ＝ヒコ 近盛晴嘉著
わが国最初の新聞発刊者。13歳で漂流渡米し受洗帰化。帰国後開国日本に寄与した浜田彦蔵異色伝。

勝 海舟 石井 孝著
機略縦横、幕・藩の障壁を徹した改革勢力の全国的連合にその全精力を燃やした海舟の生涯を描く。

臥雲辰致 村瀬正章著
ガラ紡織機を発明し日本産業発展史上に不滅の名残す。窮乏裡に不撓の努力続ける苦悩奮闘の生涯。

黒田清隆 井黒弥太郎著
埋もれた明治の礎石、伊藤博文のライバル。北海道開拓を始め、其の多彩にして悲劇的生涯を活写。

伊藤圭介 杉本 勲著
日本植物学の鼻祖、近代科学史上の一先駆。明治十二傑の一人に数えられた異数な学者の生涯描く。

福沢諭吉 会田倉吉著
卓抜な識見による西洋文明の紹介と独立市民の育成、広範な史料に基づく近代日本の大先覚の伝。

星 亨 中村菊男著
苦学力行、独学渡英。後政界に入り政友会領袖として活躍中凶刃に斃る。剛腹な明治政界偉材の伝。

中江兆民 飛鳥井雅道著
明治の自由民権思想家。フランス学派の代表と目された〝東洋のルソー〟の苦悩の生涯を描く。

西村茂樹
高橋昌郎著
明治の思想家・教育者。独立国家形成のため、欧米文化の吸収を唱え生涯教育を実践した大学者の伝。

正岡子規
久保田正文著
闘病の床に驚異の文学活動続け、俳句・和歌の革新に不滅の偉業遂ぐ。明治詩壇巨匠を新視角で描く。

清沢満之
吉田久一著
明治仏教界の明星、今親鸞。近代日本の哲学思想に偉大な感化与えた宗教的天才の思想と生涯描く。

滝　廉太郎
小長久子著
わが国近代音楽史上、最初の作曲家。「荒城の月」「箱根八里」などに不朽の名残す天才の短命な生涯。

副島種臣
安岡昭男著
明治初期の外務卿。高い外交力により日本の威信を世界に知らしめ、明治国家の建設に賭した生涯。

田口卯吉
田口　親著
明治時代のエコノミスト・政治家・起業家　歴史家として前人未到の足跡を残した快男児50年の生涯。

福地桜痴
柳田　泉著
明治前半期の天才的ジャーナリスト。非凡の才能を抱きながら世に容れられぬ生涯を如実に描く。

陸　羯南
有山輝雄著
明治時代のジャーナリスト。徳富蘇峰らとならび異彩を放つ論説を展開した、孤高の人生に迫る。

児島惟謙
田畑　忍著
大津事件勃発に朝野愕然たる際、敢然政治的干渉排し司法権の独立を護持した明治法曹界巨人の伝。

荒井郁之助
原田　朗著
幕臣として活躍後、近代黎明期の自然科学の基礎を築いた科学者。初代中央気象台長の異色の伝記。

幸徳秋水
西尾陽太郎著
社会主義から無政府主義へ、非戦論から直接行動へ。大逆事件の主謀者として刑死した革命家の伝。

ヘボン
高谷道男著
物情騒然たる幕末日本に渡米、伝道と施療と和英辞書の編集に生涯を捧ぐ銘記すべき一恩人の伝。

石川啄木
岩城之徳著
薄命の大天才詩人。波瀾の裏面生活と若き妻の非命織り成し、苦悩に満ちた短生涯を鮮かに浮彫す。

乃木希典
松下芳男著
軍神と崇められる明治の象徴的将軍。その古武士的風格と冷厳な家庭生活併せ描く人間乃木の実伝。

岡倉天心
斎藤隆三著
東洋特に日本美術の優秀性を喝破全世界に唱道した大先覚者。近代日本美術生みの親の生涯を描く。

桂　太郎
宇野俊一著
明治期の軍人政治家。長州藩閥のエリートとして立身し、三たび組閣し桂園時代を担った全生涯。

加藤弘之
田畑　忍著
初代東大総長、学士院院長。明治の思想界・法曹界に君臨し一世に感化与えた碩学・大論争家の伝。

山路愛山
坂本多加雄著
卓抜のジャーナリスト。キリスト教信仰、透谷との論争、平民史観の展開等、思想活動の事績描く。

伊沢修二
上沼八郎著
明治教育界の大開拓者。師範教育・音楽教育・体操教育・植民地教育・吃音矯正事業等に輝く異色の伝。

秋山真之
田中宏巳著
明治海軍の戦術家。独自の「秋山兵学」で日本海海戦に勝利。日本海軍の明暗を分けた栄光と苦悩。

前島　密
山口　修著
郵便の父。海運・鉄道・新聞・教育等々、近代日本確立期に多彩な活躍をした真摯な人物像を活写。

成瀬仁蔵
中嶌　邦著
近代女子教育発展に尽力した日本女子大学の創立者。あるべき社会を問い平和を願った生涯を探る。